KB110775

일러스트로 읽는

365일

오늘의 역사

상반기

일러스트로 읽는
365일 오늘의 역사 - 상반기

초판 1쇄 인쇄 | 2016년 3월 17일
초판 1쇄 발행 | 2016년 3월 24일

지은이 | 박상철
펴낸이 | 박영욱
펴낸곳 | 북오션

기 획 | 이제희
편 집 | 권희중
마케팅 | 최석진 · 임동건
표지 및 본문 디자인 | 서정희 · 심재원
세무자문 | 세무법인 한울 대표 세무사 정석길(02-6220-6100)

주 소 | 서울시 마포구 월드컵로 14길 62 (서교동), 4F
이메일 | bookrose@naver.com
페이스북 | facebook.com/bookocean21
블로그 | blog.naver.com/bookocean
전 화 | 편집문의: 02-325-9172   영업문의: 02-322-6709
팩 스 | 02-3143-3964

출판신고번호 | 제313-2007-000197

ISBN 978-89-6799-258-3 (04900)
세트 978-89-6799-260-6 (전2권)

이 도서의 국립중앙도서관 출판예정도서목록(CIP)은 서지정보유통지원시스템
홈페이지(http://seoji.nl.go.kr)와 국가자료공동목록시스템(http://www.nl.go.kr/kolisnet)에서
이용하실 수 있습니다. (CIP제어번호 : CIP2016004154)

일러스트로 읽는

365일

오늘의 역사

박상철 지음

상반기

365,
Todays in
History

북오션

'역사는 인물을 낳고, 인물은 역사를 만든다'

철없던 소년 시절에 이 말을 들었을 땐 그저 '닭이 먼저냐, 달걀이 먼저냐'처럼 아리송하게만 생각됐다. 나중에서야 임진왜란 때의 이순신이나 프랑스 혁명기의 나폴레옹, 미국 남북전쟁 당시의 링컨을 읽고서 역사와 인물 사이엔 뗄 수 없는 상관관계가 있음을 알게 됐다. 비단 장군이나 황제뿐만이 아니다. 뉴턴이나 아인슈타인 같은 과학자, 미켈란젤로나 베토벤 같은 예술가, 알리나 손기정 같은 스포츠맨에다 히틀러나 스탈린 같은 대 악당까지도 역사 속의 주인공이 되기도 한다. 심지어는 개와 원숭이도 우주여행을 한 역사가 있고 요즘엔 영화 '스타워즈'의 다스베이더나 마블사의 아이언맨 같은 가상의 존재도 이미 역사의 스포트라이트를 받고 있다.

또 세상의 역사를 만들어 온 것은 숱한 영웅들뿐만 아니라 알려지지 않았지만, 더 많은 평범한 인물들이 함께 만들어 온 것이기도 하다. 세상엔 주인공만으로 스토리가 진행될 수는 없는 법이다. 우리들 각자도 모두 나름대로 오늘 이 순간 역사를 창조하고 있는 중인 것이다. 이 지구는 선인이 있으면 악인이 있고, 미인도 평범한 사람도 추한 이도 함께 공존하며 부대끼는 거대한 연극무대와도 같다. 인간의 역사는 지혜로움과 어리석음이 함께 있고 감동적인가 하면 추악함으로 얼룩져 있기도 하다.

그림 그리기를 평생의 업으로 여기고 있는 내게 특히 흥미로운 주제는 바로 인간 얼굴의 끝없는 다양함이었다. 미처 글자를 알기 이전부터 만화방 출입을 하며 그림에 익숙하던 내가 연필과 종이를 갖고 나서 가장 먼저 끄적거린 것이 사람의 얼굴이었다. 초·중·고를 거치며 교과서와 공책의 여백에 수없이 그렸던 얼굴들 때문에 야단도 많이 맞았지만 결국 대학에서도 시각디자인을 전공하게 됐고 직장도 언론사 미술팀에 입사해 수 만장의 일러스트레이션을 그려오며 밥벌이를 하게 되었다. 인간의 얼굴 그림은 앞으로도 평생 내 작업의 주제가 될 라이프워크라고 할 수 있겠다.

이 책의 글과 그림은 한 일간지에서 4년간 연재한 역사 그림칼럼이다. 역사와 인물에 대한 주관적인 시각을 최대한 줄이고 객관적이고 팩트(Fact)에 충실한 글과 그림으로 기록하려 노력했다. 특히 그림은 많은 자료를 참고해 세밀한 묘사를 기본으로 포토샵에서 작업했다. 역사적 인물은 많은 책과 온라인에서 사진이나 그림으로 볼 수 있지만, 이 책에서는 그런 판에 박은 듯한 사진과 그림보다는 생동감 있고 현실감 있는 이미지로 포착해 보려 애썼다. 4년 동안 1,000명 가까운 인물들에 대해 쓰고 그렸는데 중복된 인물도 많고 미처 챙기지 못한 인물은 더 많다. 기회가 닿는 대로 더욱더 조사하고 자료를 모아 보충하려 한다.

난삽한 원고와 판형으로 고충이 많았던 북오션 출판사의 대표님과 편집팀에 감사를 드린다. 그리고 언제나 내 작업의 든든한 후원자이자 조언자인 아내 동일과 두 아들 정환, 지환에게 특별한 고마움을 전하면서 이 책이 역사에 대한 재미와 궁금증을 불러일으키는 안내서가 된다면 더 바랄 것이 없겠다.

2016년 3월
박상철

Contents

2월
February
085

강감찬 | 요한 볼프강 폰 괴테1 | 존 포드 | 버트런드 러셀 | 제임스 조이스2 | 거트루드 스타인 | 호찌민 | 조지 워싱턴 | 함석헌 | 찰리 채플린1 | 엘리자베스 2세 | 찰스 디킨스 | 비틀즈 | 러일 전쟁 | 제임스 딘 | 쥘 베른 | 데즈카 오사무 | 표도르 도스토옙스키 | 매카시즘 | 연극 '세일즈맨의 죽음' | 알렉스 헤일리 | 공자 | 넬슨 만델라1 | 임마누엘 칸트 | 빌 클린턴1 | 영화 '쉬리' | 유치환 | 살만 루시디 | 밸런타인데이 | 리처드 파인만 | 폴크스바겐 | 김수환 추기경 | 마릴린 먼로2 | 윤동주1 | 오페라 '나비부인' | 조르다노 브루노 | 제로니모 | 미켈란젤로 부오나로티1 | 로버트 오펜하이머 | 마크 트웨인1 | 앙드레 지드 | 토마스 에디슨1 | 이이 | 스피노자 | 항우 | 앤디 워홀1 | 정약용 | 팝콘 | 복제양 '돌리' | 이오지마 함락 | 프리드리히 헨델 | 공산당 선언 | 스티브 잡스3 | 쿠빌라이 칸 | 콜트 리볼버 | 무하마드 알리2 | 빅토르 마리 위고 | 안현수 | 엘리자베스 테일러 | 엔리코 카루소 | 마이클 잭슨1 | 하길종 | 현대차 '포니'

3월
March
149

바미안 석불 | 이토 히로부미 | 영화 '킹콩' | 조정래 | 마르그리트 뒤라스 | 오페라 '카르멘' | 프랭클린 D. 루스벨트 | 찰리 채플린2 | 이오시프 스탈린1 | 훌라후프 | 조지아 오키프 | 미켈란젤로 부오나로티2 | 펄 벅 | 기형도 | 스탠리 큐브릭 | 조병화 | 나폴레옹 보나파르트1 | 바비 인형 | 중광 스님 | 도쿄 대공습 | 알렉산더 그레이엄 벨 | 법정 스님 | 소설 '프랑켄슈타인' | 마하트마 간디2 | 바슬라프 니진스키 | 수전 앤서니 | 최은희·신상옥 부부 | 존 스타인벡 | 유비 | 율리우스 카이사르 | 로버트 고다드 | 사이먼 & 가펑클 | 마르쿠스 아우렐리우스 | 라디오 '별이 빛나는 밤에' | 알렉세이 레오노프 | 칼리굴라 | 안토니오 가우디 | 아서 C. 클라크 | 박인환 | 아사하라 쇼코 | 스티븐 스필버그 | 요한 세바스찬 바흐1 | 요한 볼프캉 폰 괴테2 | 김점선 | 서태지와 아이들 | 스탕달 | 박목월2 | 로베르트 코흐 | 영화 '아마데우스' | 아르투로 토스카니니 | 루트비히 반 베토벤1 | 안중근1 | 장정구 | 락희화학공업 | 영화 '타잔' | 마르크 샤갈 | 막심 고리키 | 맥도날드 | 진시황릉 | 빈센트 반 고흐1 | 지우개 달린 연필 | 르네 데카르트 | 에펠 탑

4월
April
213

밀란 쿤데라 | 요한 바오로 2세 | 샤를마뉴 대제 | 그레이엄 그린 | 말론 브란도 | 마틴 루터 킹2 | 로젠버그 부부 | 찰턴 헤스턴 | 신경림 | 소설 '어린 왕자' | 신동엽 | 권진규 | 루이 암스트롱 | 파블로 피카소1 | 로버트 리 | 여자 탁구 | 폴 매카트니 | 더글러스 맥아더2 | 유리 가가린 | 마이클 조던 | 타이거 우즈 | 토머스 제퍼슨 | 타이타닉 호 | 장 폴 사르트르 | 가와바타 야스나리 | 찰리 채플린3 | 이상 | 그레이스 켈리 | 알버트 아인슈타인1 | 4. 19 혁명 | 박지성1 | 퀴리 부부1 | 루이 파스퇴르 | 로마 건국 | 아기공룡 둘리 | 메겔 데 세르반테스1 | 행크 애런 | 트로이 함락 | 고우영 | 배트맨 | 이승만2 | 최영 | 아웅산 수치 | 이순신 장군 동상 | 아이작 뉴턴 | 윤봉길 | 아돌프 히틀러1

5월
May
261

데이비드 리빙스턴 | 넬슨 만델라2 | 마거릿 대처1 | 전차 개통 | 키스 해링 | 엄홍길 | 지그문트 프로이트1 | 박수근 | 힌덴부르크 호 | 플라톤 | 루트비히 반 베토벤2 | 앙리 뒤낭 | 텐징 노르가이 | 장영희 | 미켈란젤로 부오나로티3 | 쉘 실버스타인 | 살바도르 달리 | 뮤지컬 '캣츠' | 오토 폰 비스마르크1 | 윈스턴 처칠 | 노무현1 | 이스라엘 건국 | 나일론 스타킹1 | 정지용 | 정명훈 | 권정생 | 리처드 닉슨 | 발터 그로피우스 | 소설 '드라큘라' | 세인트헬렌스 산 | 미스코리아 | 핼리혜성 | 리바이 스트라우스 | 아멜리아 에어하트 | 안드레이 사하로프 | 빌 게이츠 | 보니 & 클라이드 | 지롤라모 사보나롤라 | 이고르 시코르스키 | 로버트 카파 | 니콜라우스 코페르니쿠스 | 덕혜옹주 | 베이브 루스 | 영화 '스타워즈' | 이사도라 덩컨 | 임권택 | 자와할랄 네루 | 장 칼뱅 | 야세르 아라파트 | 빙 크로스비 | 손기정 | 파울 루벤스 | 잔 다르크 | 2002 한일 월드컵 | 클린트 이스트우드2

6월

June

317

365,
Todays in
History

3 6 5,
Todays in
History

1월
January

2월
February

3월
March

4월
April

5월
May

6월
June

1월 1일, 1863년

링컨, 노예 해방을 선언

남북전쟁이 한창이던 1863년 1월 1일,
미국의 16대 대통령 에이브러햄 링컨이
연방에서 탈퇴한 남부 여러 주를 대상으
로 노예 해방을 선언했다. 링컨은 백악관
집무실에서 "내 평생 이 보다 더 옳은 일을
한 적이 없다. 이 일로 내 이름과 영혼이
역사에 길이 새겨질 것이다."라며 선언서
에 서명했다. 내용은 ①반란상태에 있는 여
러 주의 노예를 전부 해방하며, ②해방된 흑
인은 폭력을 삼가고 적절한 임금으로 충실히
일할 것과 ③흑인에게 연방 군대에 참가할 기
회를 줄 것 등을 규정했다. 이 선언으로 20만
명에 가까운 흑인들이 북군인 연방병사로
지원해 북군 승리의 중요한 발판이 됐
고 전쟁 뒤 노예가 해방되는 결정적
계기가 되었다.

1월 1일, 1959년

쿠바혁명 성공

1959년 1월 1일 피델 카스트로가 이끄는 게릴라들이 바티스타정권을 축출하고 쿠바혁명을 성공시킨다. 쿠바혁명은 독재자 바티스타를 타도하기 위해 1953년 7월 26일 카스트로가 이끈 무장청년들이 산티아고의 몬카다 병영을 습격한 데서 시작됐다. 이 습격은 실패했지만 카스트로는 다시 농민을 참여시키는 게릴라전을 전개해 쿠바혁명을 달성했다. 총리가 된 카스트로는 미국자본을 접수하고 토지개혁과 사회개혁을 실시했다.

1월 2일, 2007년

반기문 사무총장 유엔 첫 출근

2007년 1월 2일 반기문 유엔 사무총장
이 뉴욕 맨해튼 유엔본부에 첫 출근해
기다리고 있던 직원들의 환영을 받았다.
반 총장은 임시숙소로 사용 중이던 월
도프 아스토리아 호텔에서 15분 남짓
걸리는 유엔본부까지 걸어서 이동했고
이동 중 관광객들의 사진촬영 부탁에도
응하는 등 열린 사무총장의 이미지를
과시했다.

1월 2일, 1920년

SF작가 아시모프 출생

1920년 1월 2일, 한평생 500권이 넘는 책을 쓴 SF의 거장 아이작 아시모프가 태어났다. 러시아 스몰렌스크 지방의 유대인 방앗간집 아들로 태어난 그는 3세 때 부모를 따라 미국의 뉴욕으로 이주해 과학책에 눈을 떴다. 2차 대전 후 생화학교수가 되었으나 과학소설의 집필에 전념해 로봇을 다룬 SF등 과학의 대중화에 크게 기여했다. '파운데이션' '바이센테니얼 맨' '아이 로봇' 등의 저작으로 '20세기 르네상스인'으로 불린다.

1월 3일, 1496년

다빈치 비행에 도전하다

1496년 1월 3일 르네상스 시대의 천재 레오나르도 다빈치가 자신이 고안한 박쥐 모양의 날개를 단 비행기로 비행을 시도했다. 피렌체 근방 체체리 산에서 두 손으로 크랭크를 돌리고, 두 발로 페달을 밟으며 언덕을 뛰어내렸지만 비행기는 힘이 세고 가벼운 동력엔진이 없어 날지 못했다. 다빈치는 천재 화가였지만 해부나 과학실험, 전쟁무기 개발에 더 힘을 쏟은 과학자이기도 했다. 다빈치의 비행 실험은 실패했으나 400년도 더 지난 후 러시아의 이고리 시코르스키는 다빈치의 나선형 날개에서 영감을 얻어 1930년대에 최초의 헬리콥터를 만들었다.

1월 4일, 1943년

소설가 황석영 출생

1943년 1월 4일, 한국 문단의 대표적인 소설가 황석영이 만주 장춘에서 태어났다. 경복고 자퇴 후 '사상계'에 '입석부근'이 당선돼 등단했다. 베트남전쟁에 참전한 70년대에 '객지''한씨연대기''삼포 가는 길' 등 사회적 리얼리즘 소설들을 발표했고 80년대엔 대하소설 '장길산'을 한국일보에 연재하여 큰 반향을 불러일으켰다. 89년 방북하여 김일성을 만난 일로 국가보안법 위반에 적용돼 5년간 징역을 살고 출감한 후 왕성한 창작 활동을 이어가고 있다.

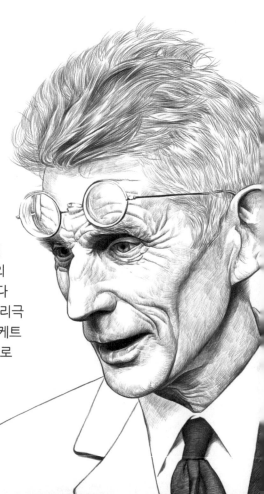

1월 5일, 1953년

연극 '고도를 기다리며' 초연

1953년 1월 5일, 아일랜드 출신 극작가 사무엘 베케트의 희곡 '고도를 기다리며'가 파리 바빌론 극장에서 초연됐다. 공연 전 베케트와 그의 전위적인 대본은 연출가들의 외면을 받았으나 초연이 대성공을 거두어 '기다려도 오지 않는 고도'의 이야기는 현대 부조리극의 고전으로 세계 각국에서 공연되었다. 베케트는 이 희곡으로 1969년 노벨문학상 수상자로 선정됐지만 수상식 참가를 비롯해 일체의 인터뷰를 거부했다.

1월 5일, 1948년

킨제이 박사 성보고서 발표

'유부남의 35~45%는 아내 몰래 바람을 피웠고, 남성의 90%는 자위행위를 했다.' 1948년 1월 5일, 알프레드 킨제이 박사가 발표한 '인간 남성의 성적 행동'이란 보고서는 엄청난 충격을 불러일으켰다. 혼외정사, 동성애, 매춘 등 이전까지 금기시 됐던 인간 성생활에 대한 내용을 적나라하게 공개했기 때문이었다. 10년 동안 9000명을 인터뷰한 결과를 토대로 작성된 이 보고서는 매스컴의 집중 조명을 받으며 곧바로 베스트셀러의 반열에 올랐다. 원래 하버드 대학에서 동물학을 전공한 킨제이 박사는 남성보고서에 이어 53년엔 '인간 여성의 성적 행동'을 발표해 다시 한 번 센세이셔널한 충격을 불러일으키면서 한 달 만에 27만 권이 팔려나갈 정도로 대성공을 거뒀으나, 록펠러재단은 의회의 압력으로 킨제이 성 연구소에 대한 자금 지원을 중단하고 말았다.

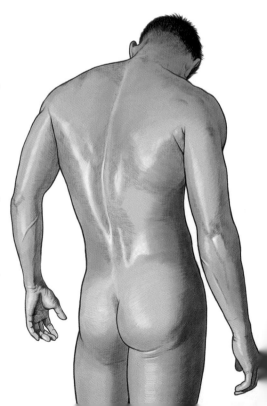

1월 5일, 1982년

야간통행금지 해제

1945년부터 시행된 야간통행금지가 1982년 1월 5일 해제됐다. 줄임말로 '통금'이라 불렸던 이 제도는 밤 12시부터 새벽 4시 까지 실시됐는데 이를 어기면 경찰서에 잡아놓고 오전 4시가 되어서야 풀어주었다. 현재 50대 이상의 장년들은 12시 통금사이렌이 울릴 때 미처 대중교통을 잡지 못해 공포로 마음을 졸였던 경험을 한 번씩은 갖고 있을 법하다. 단, 성탄절과 12월 31일에는 예외적으로 통행이 허용됐다.

1월 6일, 1996년

가수 김광석 사망

1996년 1월 6일, '노래하는 음유시인' 김광석이 스스로 세상을 버렸다. 1984년 김민기 음반에 참여하면서 데뷔했고 노찾사 1집에도 참여하였으며 이후 동물원의 보컬로 활동하면서 대중들에게 이름을 알렸다. 80년대 운동권 출신으로 기성 가요계에 진출한 그는 평범한 사람들의 소박한 삶의 얘기를 노래하고 싶어했다.

아무것도 가진 것
없는 이에게
시와 노래는
애달픈 양식
아무 것도 뵈지 않는
어둠속에서
조그만 읊조림은
커다란 빛
나의 노래는 나의 힘
나의 노래는 나의 삶

1월 6일, 1907년

마리아 몬테소리, 어린이집 개원

1907년 1월 6일, 이탈리아 로마에서 조그만 학교
가 문을 열었다. 이탈리아어로 '어린이의 집
(Casa dei Bambini)'이라는 이름이 붙어 있었
다. '어린이의 눈높이에 맞춘 교육' 몬테소리
가 구상하고 어린이의 집이 실천했던 유아교육
방법이다. 지금은 너무도 당연한 것처럼 보이지
만 당시에는 시대를 앞서간 교육법이었다. 몬테
소리는 어린이의 집에서 주입식 교육과 체벌을
배제하고 어린이에게 최대한의 선택권을 주었다.
어린이를 잠재력이 풍부한 인격체로 본 그녀는
어린이의 세계를 발견한 것이다. 몬테소리는
로마대 의과대학을 졸업한 이탈리아 최초의
여성의사로서 로마대학 부속병원 정신과 조
수로 일했고 1949년 노벨평화상 후보에 올
랐다. 어릴 적엔 엔지니어를 꿈꾸며 남학생
전용의 기술학교에 홍일점으로 입학하고
졸업한 열혈 여성이었다.

1월 6일, 1822년

고고학자 슐리만 출생

1822년 1월 6일, 고대 트로이 문명의
유적을 발굴해 낸 독일의 고고학자
하인리히 슐리만이 태어났다. 북부
독일의 가난한 목사 집안에서 태어난
그는 소년시절 호머의 '일리어드'
를 애독하여 트로이가 실재한다고 믿
었다. 상인으로 성공해 거부가 된 슐
리만은 어릴 적 꿈을 이루기 위해 파
리에서 고고학을 공부하였고 마침내
소아시아 히살리크 언덕의 유적이 트
로이임을 실증해 세계를 놀라게 했다.
그 후에도 미케네와 티린스 등을 발굴
해 에게 문명의 연구에 큰 공헌을 했다.

1월 6일, 1884년

유전학의 아버지 멘델 사망

1884년 1월 6일 현대 유전학을 개척한 수도사 그레고르 멘델이 지병인 만성신장염으로 고생하다 62세를 일기로 사망했다. 오스트리아의 작은 읍 하인젠도르프에서 가난한 소작농의 아들로 태어난 그는 빈곤한 집안 사정으로 대학은 포기했으나 성 아우구스티노 수도회의 수사가 되어 학문을 공부했다. 30대 초부터 15년간 완두콩 교배실험을 통해 종의 형질유전에 관한 수학적인 법칙성을 연구해 멘델의 법칙을 발견했다. 멘델은 브륀의 학회지에 연구 성과를 '식물의 잡종에 관한 실험'이라는 제목으로 발표했지만 인정받지 못하다가 사후 16년이 지난 1900년에 3명의 학자들이 동일한 연구로 재발견하여 비로소 유전학의 아버지로 인정받았다.

1월 7일, 1949년

이승만 대통령
'대마도는 우리 땅' 선언

1949년 1월 7일 이승만 대통령은 내외신
기자들과의 회견에서 '대마도는 우리 땅'
이라고 전격 선언했다. 이대통령은 "대마도
는 오래전부터 우리나라에게 조공을 바쳐온
속지나 마찬가지였는데 350년 전 임진왜
란을 일으킨 일본이 무력강점한 뒤 일
본 영토가 됐고 이때 결사 항전한 의
병들의 전적비가 도처에 있다"며 배
경을 설명했다. 10여 일 뒤 31명의 우리
의원이 '대마도 반환촉구결의안'을 국
회에 제출해 일본을 더욱 압박했다.

1월 7일, 1989년

히로히토 일본 왕 사망

1989년 1월 7일, '유약하고 유명무실한 천황'이란 가면 속에서 아흔 살 가까이 천수를 누린 냉혹하고 잔인한 일본의 군주 히로히토가 죽었다. 그의 재위 기간 중 일본 제국은 한국에서 창씨개명 강요와 강제징병을 행하였고 한국어와 한글을 말살하려 했다. 히로히토는 경제 불황을 극복하기 위해 군사력을 증강하여 만주를 침공했고 중·일 전쟁동안 화학무기와 세균무기를 시험 사용하도록 재가했다. 그는 대동아 전쟁 및 제2차 세계대전의 최종 책임자였지만 패전 후 맥아더의 지시로 자신이 신이 아닌 인간이라 선언하면서 전범 재판에 회부되지 않고 면책을 받았었다. 원자폭탄의 충격에 무조건 항복을 선언한 것이 그의 60여 년 재임기간 중 가장 빠른 행동이었다 한다.

1월 8일, 1974년

박정희 대통령
긴급조치 1호 선포

1974년 1월 8일, 야당과 지식인의 '개헌청원 서명 운동'이 30만 명을 넘어서자 박정희 대통령은 긴급조치 1호를 발표하여 모든 헌법개정 논의를 금지시켰다. 그는 이 조치를 발동함으로써 "헌법상의 국민의 자유와 권리를 잠정적으로 정지"할 수 있었는데 총 9차례에 걸쳐 내려진 이 조치를 위반한 자는 비상군법회의로 심판, 처단했다. 전 국회의원 장준하와 백범사상연구소 대표 백기완이 긴급조치 1호 위반 혐의로 징역 15년, 자격 정지 15년이 구형되었다.

028

1월 8일, 1942년

천체물리학자 스티븐 호킹 출생

갈릴레이, 뉴턴, 아인슈타인을 잇는 세계 물리
학의 거장 스티븐 호킹이 1942년 1월 8일 영
국 옥스퍼드에서 태어났다. 케임브리지 대
학원에서 박사과정을 밟던 그는 몸속
의 운동신경이 차례로 파괴돼 전신이
뒤틀리는 루게릭병에 걸려 1~2년 안
에 죽는다는 시한부인생을 선고받았다.
그러나 그는 이때부터 우주물리학에
몰두하여 특이점 정리, 블랙홀 증발,
양자우주론 등 현대물리학의 혁명
적인 3개 이론을 제시했고 대중을
상대로 쉽게 풀어쓴 우주의 역사
등의 저술을 계속해오고 있다.

1월 8일, 1918년

화가 장욱진 태어나다

1918년 1월 8일 예술과 술의 화가 장욱진이 충남 연기에서 태어났다. 그는 일본인 교사의 부당함을 항의하다 경성 제2고보에서 퇴학당하고 양정고보를 거쳐 도쿄제국 미술학교에서 수학했고 김환기, 유영국 등과 함께 서양화 2세대를 이루어 신사실파 동인으로 활동했다. 동화, 전설, 이웃 등 친근한 소재를 단순하면서도 대담한 구성으로 그려내 동양철학적인 사색이 담긴 화풍을 추구한 그는 도시를 떠나 덕소, 수안보, 신갈 등 자연 속의 시골로 들어가 그림과 술, 가족과 더불어 치열한 예술과 무욕의 삶을 살다 갔다.

1월 9일, 1908년

프랑스 작가 보부아르 탄생

20세기 중반 프랑스의 실존주의 작가
이자 철학자인 시몬느 드 보부아르가
1908년 1월 9일 파리에서 태어났다.
21세로 최연소 철학교수 자격을 얻으
면서 사귄 사르트르의 영향으로 실존
주의 철학을 익혀 사상과 행동의 기초
로 삼아 언행일치의 지성으로 일관했다.
왕성하게 소설과 에세이를 저작했던 그
녀는 특히 개성적인 여성론인 '제2의 성'
으로 세계적인 반향을 일으켰다. 보부
아르는 사르트르와 평생 계약결혼
상태로 각자 복잡한 애정 행각을
벌인 관계로도 유명하다.

1월 9일, 1942년

삼성 이건희 회장 출생

삼성의 최고경영자 이건희 회장이 1942년 1월 9일 대구에서 태어났다. 1987년 창업주 이병철 회장의 사후부터 삼성그룹을 이끌어 온 이건희 회장은 1993년 29조원 이었던 그룹 매출을 2013년 380조원으로 이끌었고 D램 하나 뿐이던 삼성의 시장점유율 1위 제품은 20개로 늘어났다. 반면 제왕적인 의사결정으로 구 삼성자동차의 실패를 낳았고, 편법 상속이나 비자금 조성 등의 전근대적인 경영 행태가 기업 가치를 훼손해온데 대한 비판도 크다. 2014년 5월 가슴통증으로 쓰러진 후 현재 와병 중인 상태다.

1월 9일, 2001년

아동문학가 정채봉 타계

2001년 1월 9일, 동화 '오세암'의 작가 정채봉이 간암으로 숨졌다. 전남 순천에서 태어나 동국대 국문과를 졸업한 그는 1980년 광주민주화항쟁 때의 충격에 종교적 체험을 더해 동화 '물에서 나온 새' '오세암' '생각하는 동화' 등을 발표, 침체된 한국의 아동문학을 부흥 발전시킨 작가로 인정받았다. 20년이 넘도록 샘터사에서 편집자로 일하며 동화를 발표했던 그는 98년 말 간암 진단을 받고 투병 중에도 에세이와 시집을 내는 등 집필을 멈추지 않았다.

1월 10일, 1929년

소년 모험가 '땡땡' 탄생

"세계에서 나의 유일한 라이벌이 있는데, 바로 땡땡이다." 역대 프랑스 대통령들 중 가장 지명도가 컸던 사람 가운데 하나인 샤를 드 골이 남긴 말이다. 1929년 1월 10일, 벨기에의 만화 작가 에르제가 '르 쁘띠 벵티엠(소년 20세기)' 지에서 소년 기자 땡땡을 주인공으로 한 만화를 연재하기 시작했다. 땡땡과 그의 개 밀루가 전 세계를 여행하며 휘말리는 모험담을 그린 이 만화의 첫 여행지는 당시 금단의 땅이었던 소련이었다. 이듬해인 30년 '소비에트에 간 땡땡'이 땡땡 시리즈 1권으로 발간되면서 총 24권의 책이 출판됐는데 전 세계 50개 언어로 60개국에서 판매되어 만화계의 고전으로 자리 잡았다.

1월 10일, 1971년

'코코 샤넬' 떠나가다

1971년 1월 10일, 프랑스 여성 패션계의 전설 가브리엘 샤넬이 87세의 나이로 사망했다. 12살에 어머니가 죽고 고아원에 맡겨진 샤넬은 18세에 재봉사 보조원으로 바느질을 배우기 시작했다. 가수가 꿈이었던 그녀는 틈틈이 노래를 부르던 카페에서 '코코 샤넬'이라는 별명을 얻었지만 사람들은 코르셋과 레이스를 없앤 샤넬의 디자인에 더 매혹됐다. 무릎 근처까지 올라간 짧은 치마, 끈을 달아 어깨에 멜수 있게 한 손가방, 검은 색의 리틀 블랙 드레스, 개발 번호가 이름이 된 향수 '샤넬 넘버5' 등 그녀의 디자인은 하나하나가 모두 혁명이 됐다.

1월 10일, 1835년

일본 사상가 후쿠자와 유키치 출생

1835년 1월 10일, 일본 메이지시대의 계몽 사상가이자 교육자인 후쿠자와 유키치가 태어났다. 미국을 여행하고 유럽을 견문하여 '서양사정'을 저술한 그는 일본의 부국강병과 자본주의 발달의 사상적 근거를 마련했다. 그러나 그는 한편으로 '아시아를 벗어나 서구를 지향한다'는 '탈아입구(脫亞入歐)'론을 주장해 일본의 극우 제국주의와 조선 침략을 정당화한 이중적 잣대의 사상가였다. 후쿠자와는 지금도 일본의 국민적 영웅으로 추앙받으며 일본 지폐 1만 엔 권에 얼굴이 새겨져있다.

1월 11일, 630년

마호메트, 메카에 무혈입성

아라비아 반도 중부 메카에서 유복자로 태어나 숙부의 손에 자란 가난한 목동 마호메트. 그는 부유한 과부 카디자의 고용살이 도중 그녀의 큰 신임을 얻고 결혼까지 하기에 이르지만 금식과 명상으로 진리를 찾아 나선다. 어느 날 히라 산 동굴에서 사색 중 천사 가브리엘의 계시로 유일신 알라의 사도가 된 마호메트는 이슬람의 가르침을 전파하다 탄압을 피해 622년 신도 72명과 함께 메카를 탈출, 메디나로 떠난다. 이때를 기점으로 이슬람력 헤지라 원년이 시작됐다. 630년 1월 11일, 이슬람 전도를 위해 '한 손에는 칼, 한 손에는 코란'을 들고 온갖 역경을 헤쳐 온 마호메트가 고향 메카에 돌아왔다. 그는 메카의 카바 신전에 있던 수백의 우상을 때려 부수고 "진리는 왔고 거짓은 멸망하였다."라고 선언했다.

1월 11일, 1965년

독문학자 전혜린 자살

1965년 1월 11일 재기와 치열함으로 가득 찬 생을 살았던 젊은 독문학자 전혜린이 31세의 젊은 나이에 스스로 세상을 버렸다. 백지상태의 수학시험에도 불구하고 서울 법대에 합격할 정도로 총명했던 그녀는 재학 중 독문학으로 전공을 바꿔 독일 뮌헨대학에 유학했고 59년 귀국 후 교수로 재직하며 명동의 문인들과 어울려 많은 일화를 남겼다. 명징하고 유려한 문체로 다수의 번역 책을 낸 전혜린의 수필집 '그리고 아무 말도 하지 않았다'와 유고집 '이 모든 괴로움을 또 다시'는 그녀의 사후 50년 가까이 지난 지금까지도 여전히 인쇄를 거듭하며 읽히고 있다.

1월 11일, 1928년

소설 '테스'의 작가 하디 사망

19세기 영국의 소설가이자 시인인 토마스 하디
가 1928년 1월 11일 사망했다. 고향인 영국 남
부의 시골인 도체스터가 대부분 그의 작품 속
배경이 되었는데 이러한 외진 농촌의 인습과 편
협한 종교인들, 그리고 이에 짓밟히는 인간과
운명의 비극을 묘사했다. 특히 남녀의 사랑을
성적으로 대담하게 묘사한 '귀향' '테스'
등으로 당시 도덕가들로부터 맹렬한 비난을
받아 절필했으나 말년엔 영국문단의 원로로
대접받았다. 사후 유해는 웨스트민스터 사원
에 묻혔는데 그의 심장만은 고인의 유지에
따라 고향의 교회에 있는 부인의 묘 옆에
매장되었다.

1월 12일, 1976년

추리 소설의 여왕 크리스티 사망

회색 뇌세포의 벨기에인 탐정 에르큘 포와로와 노처녀 해결사 미스 마플은 한번이라도 읽어 본 사람이라면 좀처럼 잊혀지지 않는 사랑스러운 캐릭터다. 1976년 1월 12일, 영국의 추리 소설 작가 애거서 크리스티가 85세의 나이로 사망했다. 크리스티는 1920년 첫 추리 소설인 '스타일즈 저택의 괴사건'을 발표한 이후 80여 편의 작품으로 대중적인 사랑을 받았다. 그녀의 작품은 지금까지 전 세계적으로 약 20억 부 이상 팔려 기네스 세계 기록에 등재됐는데 이 기록은 셰익스피어와 견줄 정도다. 또한 그녀의 희곡 '쥐덫'은 1955년 런던에서 초연된 이래 현재까지 끊임없이 계속 공연되고 있다. 기차 안의 승객 모두가 범인인 '오리엔트 특급 살인'이나 소설의 화자가 바로 살인자인 '애크로이드 살인 사건' 등 크리스티의 추리 소설은 상상을 뛰어넘는 재미를 선사한다. 그녀는 1971년 영국의 기사 작위를 받아 '데임' 칭호를 얻었다.

1월 12일, 1746년

교육개혁가 페스탈로치 탄생

세계적인 교육개혁가 요한 하인리히 페스탈로치가 1746년 1월 12일 스위스 취리히에서 태어났다. 그는 루소의 교육론 '에밀'을 읽고 감동받아, '왕좌에 있으나 초가에 있으나 모두 같은 인간'이라는 신념으로 어린이 교육에 일생을 바쳤다. 교육의 목적을 머리와 마음과 손의 조화로운 발달에 두고 노동을 통한 교육을 인간 도야의 근본 원칙으로 삼아, 올바른 사회로의 개혁에 이바지하는 일꾼 양성에 심혈을 기울였다. 그의 교육론은 많은 국가에서 받아들여져 루소와 함께 신교육의 원천이 됐다.

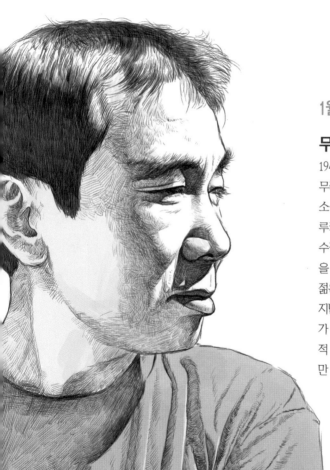

1월 12일, 1949년

무라카미 하루키 태어나다

1949년 1월 12일, 일본의 베스트셀러 작가 무라카미 하루키가 태어났다. 30세에 첫 소설 '바람의 노래를 들어라'를 쓴 하루키는 장편과 단편 소설은 물론 번역물, 수필, 평론, 여행기 등 다양한 집필 활동을 통해 소외와 상실의 시대를 사는 현대 젊은이들의 혼란과 방황을 그리고 있는데 지난 2009년 일본에서는 새 소설 '1Q84'가 출간 당일 68만부가 팔렸고 그의 대표적 소설 '노르웨이 숲'은 누적 부수 천만 권이 넘게 팔렸다.

1월 13일, 771년

성덕대왕 신종 완성되다

771년 1월 13일, 신라 36대 혜공왕이 30년 만에 우리나라 최대의 종을 완성한다. 원래는 35대 경덕왕이 아버지인 33대 성덕왕의 공을 기리기 위해 만들려던 것으로 봉덕사종이라고도 하고 에밀레종이라 부르기도 한다. 12만 근(72t)의 구리를 쏟아부은 이 전성기 통일신라시대의 걸작은 종 하나만으로도 박물관이 될 만 하다고 한 독일학자가 말했다. 현재는 국립경주박물관에 소장되어 있다.

1월 13일, 1941년

소설가 조이스 사망

1941년 1월 13일 소설 '율리시즈'의 천재적 작가 제임스 조이스가 위궤양 수술의 후유증으로 스위스 취리히에서 사망했다. 아일랜드의 더블린 태생인 그는 첫 소설 '더블린 사람들'이 더블린을 부정적으로 묘사했고 외설적이라는 이유로 출간이 되지 않자 조국을 등지고 미국과 프랑스, 스위스 등지로 옮겨 다니며 글을 썼다. 대표작 '율리시즈'도 음란성과 신성모독을 이유로 미국에서 연재와 출판이 거부돼 파리에서 출간해야만 했다.

044

1월 13일, 1898년

졸라 '나는 고발한다!' 발표

소설 '목로주점' '나나' '제르미날' 등을 쓴 프랑스 자연주의 문학의 인기작가 에밀 졸라가 1898년 1월 13일, 파리의 일간지 로로르(여명) 1면에 '나는 고발한다!'는 제목의 기고문을 발표했다. 간첩 혐의로 종신형을 선고받은 유대인 포병대위 알프레드 드레퓌스의 무죄를 주장하고, 이미 진범이 잡혔음에도 드레퓌스를 유죄로 몰기위해 문서까지 날조한 프랑스 군지도부의 비열한 음모를 폭로한 것이다. 그러나 졸라는 이 때문에 징역1년형에 벌금 3천 프랑을 선고받고 망명길에 나서야 했고 드레퓌스는 8년 후에야 무죄 판결을 받고 명예를 회복했다.

1월 13일, 1864년

미국의 작곡가 포스터 사망

새가 노래하듯 가곡을 작곡한 미국의 천재 작곡가 스티븐 콜린스 포스터가 1864년 1월 13일, 38세를 일기로 뉴욕에서 세상을 떠났다. 가사까지 대부분 자작한 189곡의 가곡을 작곡한 그가 숨진 후 남긴 것은 녹슨 38센트와 유서뿐이었다. '오! 수잔나' '켄터키 옛집' '스와니강' '올드 블랙 조' '매기의 추억' 등 우리에게도 친숙한 많은 노래를 작곡한 그는 어릴 때 플루트를 배운 적은 있으나 정규 음악 교육은 거의 받은 적이 없었다. '금발의 제니'는 아내 제인을 위해 쓴 작품이었지만 그녀는 생활고로 인해 6년 뒤 그의 곁을 떠났다. 악보의 인세가 수입의 전부였던 그에게 결혼 생활의 파탄은 치명적이었고 빈곤 속을 전전하다 홀로 맨해튼의 허름한 호텔방에서 쓰러져 요절하고 말았다. 선율에 대한 놀라운 직관력으로 틀에 박히지 않은 독창성을 발휘한 그는 '미국 민요의 아버지' 또는 '미국의 슈베르트'라고 칭송받는다.

1월 14일, 1954년

마릴린 먼로와 조 디마지오 결혼

1954년 1월 14일, 샌프란시스코 시청에서 스크린의 섹스
심벌 마릴린 먼로와 최고 인기의 야구선수인 조 디마지오가
'세기의 결혼'을 했다. 키 큰 남자를 좋아하던 먼로에게 디마지오는
최고의 신랑감인 듯 했지만 한 남자의 아내로 묶여 있기에 먼로는 너무나
화려하고 자유로운 여인이었다. 반면 디마지오는 먼로의 계속된 스캔들에도 불
구하고 죽을때 까지 평생 그녀만을 사랑했다니 비극일 수밖에 없는 결혼이었다.

1월 14일, 1957년

터프가이 험프리 보가트 사망

모든 시대를 통틀어 가장 위대한 배우로 지목된 터프가이 험프리 보가트가 1957년 1월 14일, 식도암으로 사망했다. 비정한 탐정 샘 스페이드로 사립 탐정의 전형을 완성했다는 평을 들은 '말타의 매', 주정뱅이 선장으로 나와 여배우 캐서린 햅번과 완벽에 가까운 연기 조화를 이루어 호평을 받은 '아프리카의 여왕', 잉그리드 버그만과 최고의 연기 앙상블을 만들어 낸 '카사블랑카'등 터프하면서도 로맨틱한 매력의 그는 고독한 영웅이자 센티멘털리스트로 각인되어 남았다. 1952년 '아프리카의 여왕'으로 아카데미 남우주연상을 수상했다.

1월 15일, 1919년

로자 룩셈부르크 피살

1919년 1월 15일, '마르크스 이후 가장 뛰어난 지식인 혁명가'이자 '불꽃 여인'으로 불렸던 로자 룩셈부르크가 독일 군부의 사주를 받은 갱단에 의해 살해됐다. 그녀는 국제공산주의 단체에서 유일하게 레닌에 대적할 수 있는 이론가로 20세기 초 유럽에서 가장 영향력 있는 정치 지도자 중 한 사람으로 꼽힌다. 로자의 사상은 현실 속에선 꽃을 피우지 못했지만 프롤레타리아 독재나 수정주의에 불만을 느끼는 지식인들의 지지를 받았다.

1월 15일, 1929년

마틴 루터 킹 목사 출생

미국의 흑인 운동 지도자이자
침례교 목사인 마틴 루터 킹이 1929년
1월 15일 조지아 주 애틀랜타에서 태어났다.
보스턴 대학에서 신학 박사 학위를 받은 뒤 앨라배마 주의
몽고메리 교회에 부임했는데 그곳에서 시영 버스의 인종 차별에 항
의하는 보이콧 운동을 비폭력 전술로 이끌면서 승리를 거두어 전국적 민권 운동
의 지도자로 성장했다. 64년 노벨평화상을 받았으나 68년 멤피스에서 암살당했다.

1월 16일, 1916년

서정시인 박목월 출생

'북에 소월, 남에 목월'… 정지용
청록파 시인 박목월이 1916년
1월 16일 경주에서 태어났다.

사월의 노래

목련꽃 그늘 아래서
베르테르의 편질 읽노라
구름꽃 피는 언덕에서
피리를 부노라
아 멀리 떠나와 이름 없는
항구에서 배를 타노라

돌아온 사월은 생명의
등불을 밝혀 든다
빛나는 꿈의 계절아 눈물 어린
무지개 계절아

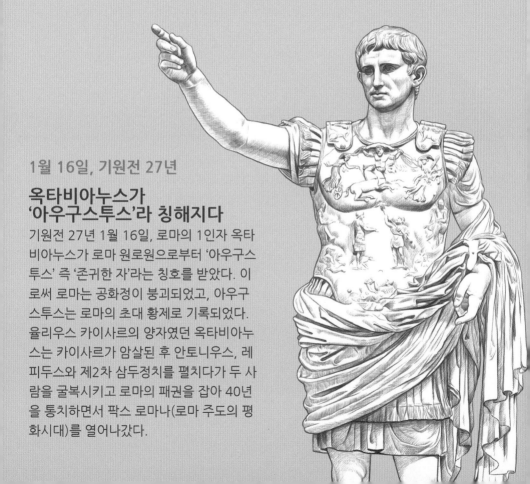

1월 16일, 기원전 27년

옥타비아누스가 '아우구스투스'라 칭해지다

기원전 27년 1월 16일, 로마의 1인자 옥타비아누스가 로마 원로원으로부터 '아우구스투스' 즉 '존귀한 자'라는 칭호를 받았다. 이로써 로마는 공화정이 붕괴되었고, 아우구스투스는 로마의 초대 황제로 기록되었다. 율리우스 카이사르의 양자였던 옥타비아누스는 카이사르가 암살된 후 안토니우스, 레피두스와 제2차 삼두정치를 펼치다가 두 사람을 굴복시키고 로마의 패권을 잡아 40년을 통치하면서 팍스 로마나(로마 주도의 평화시대)를 열어나갔다.

1월 17일, 1706년

벤저민 프랭클린 태어남

'오늘 할 일을 내일로 미루지 말라' '하늘은 스스로 돕는 자를 돕는다' 우리에게도 익숙한 이 경구를 지어 낸 벤저민 프랭클린이 1706년 1월 17일 태어났다. 그는 미국 '건국의 아버지 중 한명'으로서 특별한 공식적 지위에 오르지는 않았지만 미국 독립에 중추적인 역할을 했다. 그는 독립선언서 작성에 참여했으며, 미국독립전쟁 때 프랑스로부터 경제적 군사적 원조를 얻어냈고 영국과 협상하는 자리에서 미국 대표로 참석해 13개 식민지를 하나의 주권 국가로 승인하는 조약을 맺었으며, 2세기 동안 미국의 기본법이 된 미국헌법의 뼈대를 만들었다. 또 특이하게도 피뢰침, 다초점 렌즈를 발명하는 등 과학자로서, 미국인 일상생활의 편리와 안전에도 이바지한 천재였다. 달러화 인물 중 대통령이 아닌 인물은 알렉산더 해밀턴(10달러) 과, 벤저민 프랭클린(100달러) 두 명뿐이다. 리처드 손더스라는 필명으로 금언집 '가난한 리처드의 연감'을 펴내 상식적이며 재치 있는 경구들로도 유명하다.

1월 17일, 1942년

복서 무하마드 알리 출생

미국의 프로복서 무하마드 알리가 1942년 1월 17일 켄터키주 루이빌에서 태어났다. 알리의 본명은 캐시어스 클레이. 24세 때 찰스 리스턴을 누르고 헤비급 챔피언이 된 클레이는 이슬람교를 선택해 무하마드 알리로 개명하고 베트남전 징집을 거부했다. 그 때문에 타이틀을 박탈당했으나 나중에 두 차례나 다시 챔피언의 자리에 올랐고 알리는 선언했다.

"나는 위대하다! 나는 복싱보다 더 위대하다!"

1월 18일, 1994년

재야운동가 문익환 별세

1994년 1월 18일, 한국 민주화운동의 역사적 증인인 문익환 목사가 심장마비로 타계했다. 그는 행동하는 목사요 통일운동가이며 참여 시인이었다. 호는 늦봄. 친구이자 사회운동가인 장준하의 의문사를 계기로 민주화운동에 투신한 문익환은 3·1민주구국선언, 유신헌법 질타, 내란예비음모죄 등으로 수차례 투옥됐다. 1989년에는 북한을 방문하여 김일성과 회담하에 통일방안 합의 성명을 발표한 뒤 국가보안법 위반으로 다시 옥고를 치르는 등 통일과 민주화를 위해 온 몸을 바쳤다.

1월 18일, 1912년

비운의 탐험가 스콧 남극점 도달

1912년 1월 18일, 영국 남극탐험대의 스콧 대장과 4명의 대원들이 케이프 에반스를 출발한 지 81일 만에 남극점에 도달했다. 그러나 그곳엔 이미 34일 전에 다녀간 아문젠의 노르웨이 국기가 휘날리고 있었고 첫 정복의 목표는 깨졌다. 그와 4명의 동료는 귀로에 악천후로 조난, 식량 부족과 동상으로 전원 비운의 최후를 맞았다. 그러나 스콧은 마지막까지 용기를 잃지 않고 영국 신사다운 최후를 맞은 것이 알려져 국민적 영웅이 됐다.

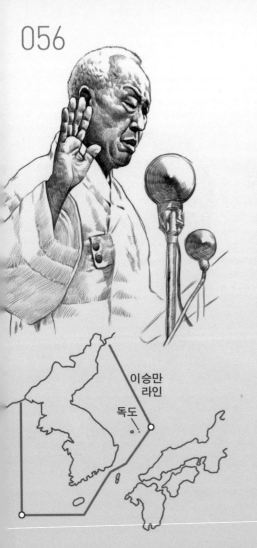

이승만
라인

독도

1월 18일, 1952년

'이승만 라인' 선포

태평양전쟁이 끝나고 일본에 진주한 미군은 일본에 어선들의 조업 한계영역인 '맥아더 라인'을 설정했다. 이 라인이 폐지되기만을 학수고대하던 일본 어민들은 1952년 1월 18일, 청천벽력 같은 뉴스를 전해 듣는다. 6.25전란의 와중에 있던 대한민국 임시수도 부산에서 대통령 이승만이 해안에서 50~100마일에 이르는 해상에 선을 긋고 '인접해양에 대한 주권 선언'을 감행한 것이다. 아연실색한 일본이 이를 비난하며 철폐를 강력 요구했으나 이승만은 오히려 한일 간 평화를 위한 '평화선'이라 이름 짓고 이 선을 넘는 일본 어선을 가차 없이 나포했다. 이 선언은 당시 일본 어선의 5% 규모에 불과한 한국 어업을 보호하고 독도를 대외적으로 한국 영토 안에 포함시키는 결정적 쾌거였으나 65년 한일 국교 정상화 조약의 조인으로 사실상 소멸되고 만다.

1월 19일, 2001년

박찬호, LA다저스와 연봉 990만 달러 계약

1994년 미국 프로야구 마이너리그에 처음 진출한 지 7년 만인 2001년 1월 19일, 박찬호는 에이전트 스콧 보라스와 함께 LA다저스와 2001년 연봉 990만 달러(약 130억 원)에 재계약을 한다고 발표했다. 이때 그의 나이 27세. 그것은 1년 계약을 체결한 투수로는 사상 최고액이었다. 그 계약이 가능했던 이유는 박찬호가 2000년에 18승 10패 방어율 3.27이라는 생애 최고의 성적을 거두어 리그의 특급투수로 떠올랐기 때문이었다.

1월 19일, 1983년

최초 GUI컴퓨터 애플리사 등장

1983년 1월 19일, 미국 애플컴퓨터의 스티브 잡스는 제록스사의 GUI기반 컴퓨터 Alto의 기술을 차용한 개인용 컴퓨터 애플리사를 소개하였다. 그러나 대당 1,995달러의 높은 가격과 제한된 소프트웨어 때문에 상업적으로 실패했고 스티브 잡스는 경영 내분으로 밀려났다. 하지만 그는 먼 훗날 아이팟과 아이폰이라는 혁신적 기기로 화려하게 부활해 MS사의 빌 게이츠와 이름을 나란히 올려놓게 된다.

1월 20일, 1875년

화가 밀레 사망

19세기 프랑스 바르비종파의 대표적인 사실주의 작가 장 프랑수아 밀레가 1875년 1월 20일 사망했다. 바르비종파는 파리 근교의 퐁텐블로 숲 근방에서 자연 그대로의 풍경을 그렸던 일군의 화가들이다. 직접 농사를 지으며 농민 생활과 풍경을 그렸던 밀레는 차분하고 우수에 넘치는 분위기로 화폭에 서정성과 경건함을 담았으며 만년에 프랑스 최고 훈장인 레종도뇌르를 받을 정도로 사회적 인정을 받았다. 주요 작품은 '씨 뿌리는 사람' '이삭줍기' '만종' 등.

1월 20일, 1993년

로마의 요정 떠나가다

1993년 1월 20일, 맑고 청순한 모습으로 전세계 영화팬들의 사랑을 받았던 여배우 오드리 헵번이 스위스 로잔의 자택에서 사망했다. 향년 63세, 사인은 직장암. 그녀는 1953년 윌리엄 와일러 감독의 영화 '로마의 휴일'에서 공주로 출연하면서 일약 세계적 스타가 되었다. 이후 '사브리나' '티파니에서 아침을' '마이 페어 레이디'등 출연한 영화마다 대성공을 거둔 그녀는 은퇴 후 유니세프 친선대사가 되어 정열적이고 헌신적인 구호 활동으로 수많은 생명을 살린 천사같은 요정이었다.

1월 20일, 2009년

오바마, 미국 대통령 취임

2009년 1월 20일 정오 미국 최초로 대통령에 당선된 흑인 버락 후세인 오바마가 성경에 손을 얹고 제44대 미국 대통령 취임 선서를 했다. 그는 취임 연설에서 전례 없는 위기 상황을 강조하면서도 더 나은 내일을 위해 힘을 합쳐 건국 선조들의 약속을 재건하자는 희망의 메시지를 던졌다. 오바마 대통령은 취임식 뒤 백악관까지 행진을 벌이며 환영 인파들의 환호에 일일이 손을 흔들어 답했다.

1월 21일, 1954년

최초 원자력 잠수함 노틸러스호 진수식

1954년 1월 21일, 프랑스 소설가 쥘 베르느의 〈해저 2만리〉에서 등장하는 잠수함 '노틸러스'의 이름을 본딴 세계 최초의 원자력 잠수함 노틸러스호가 진수식을 가졌다. 원래 '앵무조개'라는 뜻의 노틸러스는 가압수형 원자로에서 만들어진 증기로 터빈을 돌려 20노트 이상의 속력으로 장시간 잠수할 수 있어 최초로 북극점을 횡단하기도 했다.

1월 21일, 1793년

프랑스 국왕 루이16세 처형

1793년 1월 21일 프랑스의 국왕 루이 16세가 39세의 나이로 파리의 혁명광장에서 단두대의 이슬로 사라졌다. 할아버지 루이15세의 뒤를 이어 왕위에 올랐던 루이16세는 선량하고 성실했지만 내성적이고 결단력이 부족했으며 루이14세 때부터 시작된 경제위기와 재정문제들을 해결할 능력도 부족했다. 1789년 프랑스혁명의 발발 후 목숨의 위협을 느낀 나머지 국외탈출을 시도하다 발각되어 파리로 압송되고, 이로 인해 배신자의 낙인이 찍힌 그는 국왕으로서의 권위와 신뢰를 모두 잃고 만다. 왕비 마리 앙투아네트도 그가 처형된 지 9개월 후 역시 단두대에 올랐다.

1월 22일, 2011년

소설가 박완서 별세

한국 여성문학의 대표적 작가로 활동한 소설가 박완서가 2011년 1월 22일 지병인 담낭암 투병 중 향년 80세의 나이로 별세했다. 경기도 개풍에서 태어나 서울 숙명고등여학교를 나오고 서울대학 국문과에 합격했으나 입학 닷새 만에 터진 6.25전쟁으로 중퇴했다. 전쟁 중 취직한 미8군 초상화부에서 박수근 화백과의 만남으로 영감을 얻은 '나목'으로 1970년 마흔 살에 등단하고 잇달아 비평가와 독자를 사로잡는 문제작들을 발표했다. 그녀는 분단체험과 소시민적 허위, 여성의 정체성 추구를 주제로 한국 문학의 새 지평을 열었고 사후 문학적 업적을 기려 금관문화훈장이 추서됐다.

1월 22일, 1861년

앙코르와트 발견

1861년 1월 22일, 프랑스의 탐험가
앙리 무오가 500년이 넘게 정글
에 버려져 있던 캄보디아 유적
지 앙코르와트를 발견하였다.
앙코르와트는 12세기 초 옛 캄
보디아 크메르 제국의 수준 높은
건축기술로 만들어진, 세계에서
가장 크고 아름다운 종교 건축물이
다. 약 30년에 걸쳐 축조된 이 사
원은 힌두교의 3대 신 중 하나인
비슈누 신에게 봉헌되었다.

1월 23일, 1832년

프랑스 화가 마네 출생

1832년 1월 23일 프랑스 인상파 화가들의 리더 에두아르 마네가 파리에서 태어났다. 그는 구태 의연한 아카데미식 기존 회화를 거부하고 당대의 인물과 거칠고 빠른 붓질로 혁신적인 화풍을 선보였다. 기존 화단인 살롱에 충격을 준 '풀밭 위의 점심'은 모네, 르누아르, 시슬레, 바지유 등 인상파 청년화가들의 열광적 환영을 받았다. 그는 결국 성공하여 최고 훈장 레종도뇌르를 받았고 대중과 평단의 분노와 경멸을 샀던 '올랭피아'는 마네가 죽은 지 24년 만에 루브르에 걸렸다.

1월 23일, 2001년

한국화가 김기창 별세

2001년 1월 23일 한국화단의 거목 운보 김기창이 노환으로 별세했다. 향년 88세. 7세에 장티푸스의 고열로 청각을 잃은 그는 17세에 이당 김은호 문하에서 한국화를 배웠다. 일제강점기 선전에 수차례 입선하며 유명작가가 됐으나 친일 행위로 큰 오점을 남겼다. 해방 후 실험적인 작품으로 변신을 거듭한 운보는 청록산수, 바보산수 등 한국화의 독자적 경지를 개척했고 청각장애인을 위한 복지활동을 열정적으로 이끌었다.

1월 24일, 1984년

애플사, 매킨토시128K 출시

1984년 1월 24일, IBM으로부터 개인용 컴퓨터 시장을 탈환하기 위해 애플사는 획기적인 디자인의 컴퓨터를 출시하고 슈퍼볼 경기장에서 특이한 광고를 통해 새 모델 매킨토시128K를 소개한다. 말끔한 차림으로 연설하는 신사와 멍하니 연설을 듣는 노동자들이 보이는 스크린을 스포티한 패션의 젊은 여성이 해머로 깨부순다. 신사는 IBM, 노동자는 소비자를, 젊은 여성은 애플을 암시한다. 2495달러에 판매를 시작한 매킨토시 128K는 모토로라 MC68000 8Mz 프로세서에 128KB의 기본 메모리를 장착했으며 최초로 마우스로 입력하는 GUI방식을 채택했다. 그러나 이 컴퓨터도 IBM에 비해 상대적으로 비싼 가격 탓에 판매가 부진했고 결국 스티브 잡스는 자신이 일구어 놓은 애플에서 쫓겨나게 된다

1월 24일, 1965년

정치가 처칠 사망

1965년 1월 24일 영국이 낳은 세계
적인 정치가 윈스턴 처칠이 90세
를 일기로 사망했다. 육군사관
학교를 졸업한 후 육군 장교와
종군기자를 지낸 처칠은 26세에
의회에 진출했고 1차 세계대전 때
해군장관으로 참전했다. 그리고 2차
세계대전 중 영국총리로 취임해 연합
군이 승리하는 데 탁월한 지도력을
발휘했다. 신임총리로서 의회에서
"내가 바칠 수 있는 것은 피와
노력, 눈물, 땀뿐이다"라고
연설했던 그는 저술가로 명
성을 얻어 노벨문학상을
수상하기도 했다.

1월 25일, 1874년

영국 작가 서머싯 몸 출생

고갱을 모델로 한 소설 '달과 6펜스'의 작가 서
머싯 몸이 1874년 1월 25일 태어났다. 서머
싯(Somerset)은 영국의 지명인데 '공중제비'란
뜻이기도 하다. 파리 대사관의 변호사 아들로
비교적 유복하게 자랐지만, 8세와 10
세에 양친을 잃은 몸은 청소년기에
영국, 프랑스, 독일에서 방황하다
공부했던 의학을 접고 문필가의
길에 들어섰다. 희곡과 소설에
서 대중성과 작품성을 인정받은
그는 50代 이후 프랑스에 정착
해 다양한 장르에서 많은 저작
을 남겼고, 91세에 니스에서
생을 마감했다. 대표 작품으
로 '인간의 굴레에서' '달과
6펜스' '면도날'등이 있다.

1월 25일, 1947년

밤의 대통령 알 카포네 사망

1947년 1월 25일, '스카페이스'라는 별명으로 유명한 미국의 조직폭력단 두목 알폰소 카포네가 죽었다. 별칭은 앨 브라운, 통칭 알 카포네. 스카페이스라는 별명은 뺨에 흉터가 있어서다. 이탈리아에서 이민 온 부모를 둔 그는 뉴욕 빈민가에서 자라나 일찌감치 소년시절부터 갱단에 들어가 범죄를 일삼았는데 금주법이 발효된 1920년, 21세 때 시카고로 옮겨 밀주.밀수.매음.도박 등으로 순식간에 떼돈을 벌었다. 특히 27년에는 시카고의 정계인사와 경찰을 매수, 한 해 1억 달러의 수입을 올려 기네스북에 올랐다. 그러나 32년 탈세 명목으로 체포돼 영원할 것 같던 밤의 권력도 감옥에서 끝났다. 7년간의 옥살이 후 출소할 때 이미 폐인이었고 매독과 폐렴합병증으로 초라하게 숨져 죗값을 치르고 만다.

화성 탐사선 오퍼튜니티 화성에 착륙

2004년 1월 25일, 화성 탐사선 오퍼튜니티가 화성에 착륙했다. 오퍼튜니티는 먼저 착륙한 쌍둥이 탐사선 스피릿과 함께 예상탐사 기간이 90솔(Sol=화성일)이었으나 2000솔이 넘은 현재도 화성을 돌아다니며 탐사 중이다.

1월 26일, 1880년

더글러스 맥아더 태어나다

1880년 1월 26일 인천 상
륙 작전을 지휘한 미국
의 군인 더글러스 맥아
더가 태어났다. 웨스
트포인트 사관학교를
수석 졸업한 맥아더는
제1차, 제2차 세계 대
전과 한국전쟁에 참전
했는데 한국 전쟁 당시
성공적으로 지휘한 인
천상륙 작전은 전쟁의
양상을 남한에 유리하
도록 뒤바꿔 놓았다. 그러나 이후 중공
군의 개입과 원자폭탄의 만주 투하
주장 등으로 당시 미 대통령인
트루먼과 불화하여 해임되었
다. 한국에서 그의 공과에 대
한 논란은 아직 끝나지 않고
계속되고 있다.

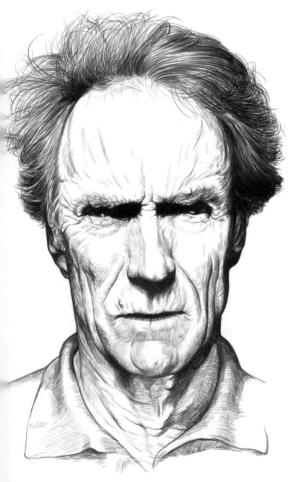

1월 26일, 2009년

이스트우드 최고의 배우 선정

2009년 1월 26일, 미국인들이 가장 사랑하는 배우로 80세의 배우 겸 김독 클린트 이스트우드가 선정됐다. 이스트우드는 해마다 미국인들이 뽑는 영화배우 톱10에서 3년 연속 1위였던 덴절 워싱턴을 3위로 밀어내고 1위에 등극한 것이다. 1960년대 마카로니웨스턴 영화인 '황야의 무법자'시리즈와 1970년대 '더티 해리'시리즈의 스타였고 90년대 이후는 감독으로서 더 명성을 쌓고 있는 이스트우드는 남성·공화당 지지자와 45세 이상의 중도파들로부터 압도적인 표를 얻었다.

1월 26일, 1898년

한성전기회사 설립

1898년 1월 26일, 한국전력공사의 전신인 한성전기회사가 설립됐다. 전기사업에 깊은 관심이 있던 고종은 열강의 간섭을 피하기 위해 극비리에 미국인 콜브란에 위탁하여 사업 신청과 허가가 이루어지도록 조치하고 서울 시내의 전등, 전화, 전차 사업의 시설 및 운영권을 허가했다. 자본금은 일화 30만 엔 규모. 특히 전차는 고종이 명성황후의 무덤인 홍릉에 행차할 때 소요되는 막대한 경비를 줄이기 위해 간절히 원했다고 전해진다. 노선은 '서대문~종로~동대문~청량리'에 이르는 약 km 단선궤도로 1899년 5월에 개통됐다. 전차는 곧 백성들의 큰 사랑을 받아 한번 타면 내리지 않는 승객도 있었고 시골에서 구경하러 오기도 했지만 한성전기회사는 1909년 일제의 손아귀에 완전히 넘어가게 된다.

1월 27일, 1756년

모차르트 태어나다

1756년 1월 27일 오스트리아의 천재 작곡가 볼프강 아마데우스 모차르트가 잘츠부르크에서 태어났다. 아마데우스는 '신의 은총'이란 뜻으로, 이름 그대로 다섯 살이 채 되기 전에 미뉴에트와 트리오를 저녁 무렵 30분 만에 다 익혀버린 신동이었다. 모차르트의 아버지는 그의 뛰어난 재능을 각지의 궁정에 알리고자 6세 때부터 연주 여행을 시작했다. 그 여행 중 빈의 여황제 마리아 테레지아 앞에서 연주하기도 했는데 나중에 프랑스 루이16세의 왕비가 되는 꼬마 공주 마리 앙투아네트에게 청혼했다는 일화가 전해진다. 그러나 천재의 수명이 짧음을 우려한 아버지의 걱정대로 모차르트는 불과 35년 밖에 살지 못했다. 사인은 류머티즘 고열인데 살리에르의 독살설도 꾸준히 제기되고 있다.

1월 27일, 2010년

'호밀밭의 파수꾼' 작가 샐린저 타계

전 세계에서 6500만부 이상 팔렸고 지금도 해마다 30만 부 이상 팔리는 베스트셀러 소설 '호밀밭의 파수꾼'의 저 자 J D 샐린저가 2010년 1 월 27일 노환으로 타계했다. 향년 91세. 1951년 발표한 '호밀밭의 파수꾼'은 반항아 인 주인공 콜필드가 고교에 서 퇴학당한 후 허위와 위선 으로 가득한 세상에 눈떠가 는 과정을 그린 소설이다. 샐린저는 세계적인 명성에 도 불구하고 극단적인 은둔 생활을 유지했다.

스페이스 셔틀 챌린저호 폭발

1986년 1월 28일, 7명의 승무원을 태운 스페이스 셔틀 챌린저호가 발사된 후 73초 만에 공중에서 폭발하여 승무원 전원이 사망했다. 발사 장면이 텔레비전으로 전 세계에 방송되고 있어서 수백 만 명이 폭발 장면을 보고 큰 충격을 받았다. 이 사고로 미국의 스페이스 셔틀 발사계획이 막대한 차질을 빚었고 사고 후 2년 9개월이 지나서야 비행이 재개됐다.

벤츠, 가솔린 자동차 특허

1886년 1월 29일, 독일의 자동차 기술자 칼 벤츠가 세계 최초 가솔린 자동차의 발명 특허를 신청했다. 최대 출력 0.75마력, 최고 속도 시속 15km, 1기통 엔진의 배기량은 954cc인 벤츠 페이턴트 모토바겐으로 증기가 아닌 가솔린 기관을 장착한 세계 최초의 자동차로 인정받는다. 벤츠의 아내 베르타 벤츠는 이 차에 세 자녀를 태운 채 단독으로 180km를 넘는 거리를 운전한 최초의 여성 운전자가 되었다. 현재 독일박물관에 전시되어 있는 모토바겐은 100년이 넘은 지금도 주행이 가능한 상태라 한다.

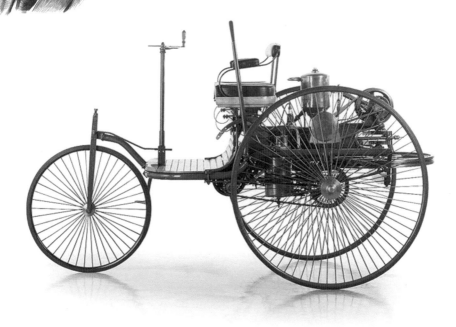

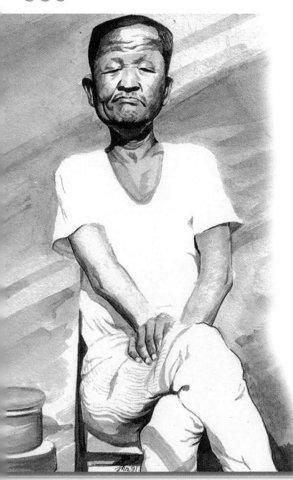

1월 29일, 1930년

시인 천상병 태어남

천진무구의 시인 천상병이 1930년
1월 29일 경남 창원에서 태어났다.

나의 가난은

오늘 아침을 다소 행복하다고 생각는 것은
한 잔 커피와 갑 속의 두둑한 담배,
해장을 하고도 버스값이 남았다는 것,
오늘 아침을 다소 서럽다고 생각는 것은
잔돈 몇푼에 조금도 부족이 없어도
내일 아침 일도 걱정해야 하기 때문이다.
가난은 내 직업이지만
비쳐오는 이 햇빛에 떳떳할 수가 있는 것은
이 햇빛에도 예금통장은 없을 테니까...
나의 과거와 미래
사랑하는 내 아들딸들아,
내 무덤가 무성한 풀섶으로 때론 와서
괴로웠음 그런대로 산 인생 여기 잠들다. 라고,
쌩씽 바람 불어라...

1월 30일, 1948년

마하트마 간디 쓰러지다

1948년 1월 30일, 비폭력·무저항주의로 인도의 독립을 이끌어냈던 '마하트마(위대한 영혼)' 간디가 반이슬람 극우힌두교도 청년의 총에 맞아 사망했다. 18세에 영국 런던으로 유학하여 변호사 면허를 딴 간디는 남아프리카에서 소송을 의뢰받아 건너가 인종차별에 대한 투쟁인 사티아그라하 운동을 승리로 이끌고 인도로 돌아왔다. 인도의 독립과 종교화합을 위해 1, 2차 세계대전을 거치는 동안 반영불복종운동 등으로 수없이 투옥당했던 간디는 78세인 1947년 비로소 인도의 독립을 볼 수 있었으나 파키스탄이 이슬람 국가로 분리 독립했고 두 종교의 화합을 위해 애쓰던 그는 흉탄에 쓰러지고 말았다.

1월 30일, 1595년

로미오와 줄리엣 초연

젊은 두 남녀의 열정적인 사랑이 반목·질시하는 두 집안 때문에 이루어지지 못하는 이야기 '로미오와 줄리엣'이 1595년 1월 30일 초연됐다. 두 연인의 죽음으로 절정의 대단원을 맞이하지만 해묵은 원수지간인 몬터규와 캐퓰렛가의 갈등을 치유하는 희망을 이끌어내며 극은 끝난다. 윌리엄 셰익스피어의 초기 작품의 절정으로 여겨지는 이 작품은 세계문학에서 가장 유명한 러브스토리인데, 전해 내려오는 이야기를 정리·가공한 청년극작가 셰익스피어에게 단번에 큰 명성을 안겨주었다.

1월 31일, 1963년

작가 공지영 출생

소설 '고등어' '봉순이 언니' '도가니'의 작가 공지영이 1963년 오늘, 서울 아현동에서 태어났다. 연세대 영문학과 재학 시절 386세대로서 민주화운동에 참여해 감옥에 수감된 경험을 바탕으로 단편 '동트는 새벽'을 〈창작과 비평〉에 발표하면서 등단했다. 이후 1980년대를 배경으로 하여 부조리한 사회적 상황의 비판과 개혁을 작품 속에 담아왔다. 2011년에 한 인터넷 매체가 주최한 '2011 최고의 책' 선정에서 공지영은 최고 작가에 뽑혔다.

1월 31일, 1957년

침팬지 햄 우주여행

1957년 소련의 우주견 라이카는 최초로 지구 궤도 비행 후 안타깝게도 몇 시간 만에 죽고 만다. 그로부터 4년 후인 1961년 1월 31일, 15개월간의 훈련을 마친 미국의 침팬지 '햄'이 탄도로켓 MR-2에 실려 우주로 발사됐다. 수차례 발사가 지연되고, 산소가 일찍 끊긴 적도 있지만 햄은 무중력 상태 6.6분을 포함해 16분 39초의 비행 끝에 무사히 지구로 귀환했다. 비행 중 불빛을 보고 손잡이를 잡아당기는 임무도 성공적으로 수행했다. 성공하면 바나나를, 실패하면 발바닥에 전기 충격을 받는 훈련을 강도 높게 한 덕분이었다. 햄은 비행 종료 후 워싱턴DC의 동물원에서 17년을 더 살았다.

2월 1일, 1019년

강감찬, 귀주에서 거란을 박살내다

1019년(고려 현종 10년) 2월 1일, 고려의 강감찬 장군이 귀주에서 거란군을 크게 무찔렀다. 거란은 자신을 적대시하는 고려에게 고려 국왕이 직접 인사를 올 것과 강동 6주를 돌려달라며 장군 소배압에게 10만 대군을 주어 침공했었다. 그러나 고려의 수도인 개경 부근까지 쳐내려 오는 동안 많은 패배로 큰 타격을 입은 거란이 견디지 못하고 쫓겨갈 때 강감찬 상원수와 병마판관 김종현이 청천강 유역의 귀주에서 거란군을 거의 전멸시켜 버렸고 이후 거란은 다시는 고려에게 무리한 요구를 할 수 없게 되었다.

2월 1일, 1774년

괴테, '젊은 베르테르의 슬픔' 집필

1774년 2월 1일, 25세의 신진 독일작가 요한 볼프강 폰 괴테가 '젊은 베르테르의 슬픔'이라는 서간체 소설의 집필을 시작한다. 2년 전에 괴테는 업무 때문에 새 친구를 사귀는데 그에게는 샤를로테 부프 라는 약혼녀가 있어 괴테는 첫눈에 반해 그녀를 짝사랑하게 된다. 고향으로 돌아온 괴테는 얼마 뒤 한 친구가 자신과 비슷한 상황에 처해 자살했다는 비보를 전해 듣고 이 소재에 자신의 체험을 섞어 '젊은 베르테르의 슬픔'을 쓴다. 파국으로 치달아 권총 자살을 선택하는 베르테르의 극단적인 심정에 공감해 당시 유럽의 많은 젊은이들이 소설 속 베르테르의 옷차림을 따라했고 그를 모방해 자살한 사람도 2000여 명 이상으로 추정되지만 정작 작가인 괴테는 80세가 넘게 장수했다.

2월 1일, 1895년

영화감독 존 포드 출생

아카데미 영화감독상을 4번이나 수상한 미국의 영화감독 존 포드가 1895년 2월 1일 태어났다. 미국 메인주 포틀랜드에서 출생한 그는 서부극 스타였던 형의 도움으로 영화계에 들어갔는데 미대륙 횡단철도 건설을 그린 대작 '철마'로 인정을 받으면서 '역마차' '아파치 요새' '리오그란데' 등 서부극에서 수많은 걸작을 남겼고 '분노의 포도' 등 사회적 주제를 다룬 영화에서도 발군의 기량을 보였다.

2월 2일, 1970년

20세기 지성 러셀 사망

1970년 2월 2일, 20세기의 대표적 지성인 버트런드 러셀이 영국 웨일즈의 자택에서 사망했다. 향년 98세. 영국의 귀족 가문에서 태어난 러셀은 논리학, 수학, 철학으로 명성을 떨쳤고 정치, 사회, 교육, 예술 등에도 다양한 저작을 해 1950년 노벨문학상을 수상했다. 그는 90세가 넘어서까지 반전·반핵의 평화운동에 열의를 쏟았는데, 1970년 1월말 이스라엘이 3년 전 6일 전쟁에서 점령한 지역에서 철수하라는 성명서를 발표하고 난 며칠 후 숨을 거두었다.

2월 2일, 1922년

소설 '율리시즈' 출판

1922년 2월 2일, 아일랜드 소설가 제임스 조이스의 대표작 '율리시즈'가 프랑스에서 출판됐다. 더블린 출신 인물 3인의 하루를 묘사한 이 소설은 현대 영문학 작품 중 최고로 손꼽히지만 난해하기로도 유명하다. '율리시즈'는 1918년 부터 미국의 한 잡지에 연재됐으나 외설적이라는 이유로 미국에서 한동안 연재와 출판이 금지당하는 바람에 파리에서 출간되었다.

2월 3일, 1874년

작가 거트루드 스타인 출생

1874년 2월 3일, 미국의 시인 겸 소설가 거트루드 스타인이 피츠버그에서 태어났다. 그녀는 시와 소설에서 대담한 언어상의 실험을 시도한 모더니스트로서 '로스트 제너레이션' 이란 말을 처음 사용했다. 엄격한 이성주의자, 논리주의자 이었음에도 불구하고 피카소, 헤밍웨이, 제임스 조이스 등 보헤미안이나 혁신주의자들을 후원했다. 그녀는 1946년 암으로 눈을 감기 직전 평생의 동성애 연인인 토클라스에게 "정답이 뭐야?" 라고 물었는데 답을 못하자 "그럼, 질문은 뭐야?" 라 다시 물으며 숨을 거두었다.

2월 3일, 1930년

호찌민 베트남 공산당 결성

'베트남 공산당의 아버지' 호찌민이
1930년 2월 3일 홍콩에서 베트남
공산당을 결성했다. 이로써 베트남
지역에서 따로 활동하던 3개 공산당
이 하나로 통합되어 홍콩에 있는 공
산당 중앙위원회의 통제 하에 들어
간 것이다. 젊은 시절 유럽을 비롯한
세계 각지를 떠돌며 프랑스로부터
베트남 독립에 헌신했던 호찌민은
평생 정적을 숙청한 적이 없었고 자
신을 우상화한 일도 없었다. 그는 일
생동안 조국과 더불어 독신으로 살
았고 죽었을 때 남긴 것은 옷 한 벌과
신 한 켤레뿐인 청렴한 사람이었다.

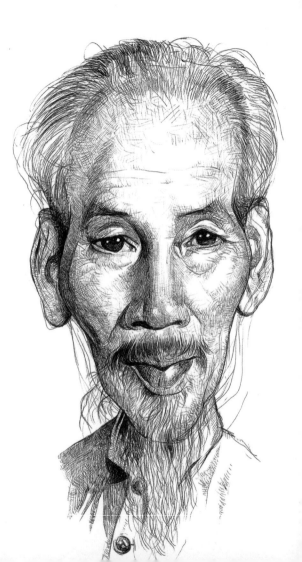

2월 4일, 1789년

미국 초대 대통령에 조지 워싱턴 선출

1789년 2월 4일 조지 워싱턴 이 미국의 초대 대통령으로 선 출됐다. 아메리카 혁명군 총사 령관으로 뽑혔던 그는 영국군과 의 여러 차례 격전 끝에 요크타 운에서 콘월리스 장군을 항복 시켜 사실상 전쟁을 끝냈다. 이후 그는 제헌회의를 이끌 면서 국민의 두터운 신망을 얻었으며, 결국 선거인단의 만장일치로 초대 대통령이 됐 고 3년 후 워싱턴은 제2대 대통 령에 또다시 선출됐다.

2월 4일, 1989년

재야운동가 함석헌선생 별세

1989년 2월 4일 독재반대 투쟁과 민권운동을 끊임없이 펴나갔던 함석헌선생이 떠나갔다. 1956년부터 '사상계'를 통해 본격적으로 논설을 집필했고 5·16군사혁명 직후 한·일 협정 반대 단식, 3선개헌과 국민투표 반대 운동 등을 벌여 군사정권에 저항하였으며 1970년 '씨알의 소리'지를 창간, 발행 겸 편집인으로서 사회개혁을 위한 많은 글을 발표했다. 1979년과 1985년 두 차례에 걸쳐 노벨평화상 후보에 추천되었으며 1987년 제1회 인촌상을 수상하였다.

2월 5일, 1939년

영화 '모던 타임스' 개봉

1939년 2월 5일, 찰리 채플린이 제작·감독·각본·음악·주연한 무성영화 '모던 타임스'가 개봉됐다. 시계에 지배되는 기계문명에 대한 비판과 자본주의의 인간성 무시에 대한 분노를 날카롭게 풍자한 영화였다. 채플린은 알콜중독자 아버지와 정신병원을 드나 든 어머니 사이에서 가난하고 불우한 어린 시절을 보냈으나 천부적인 재능과 개척기 할리우드의 뛰어난 영화제작자 세넷의 지원으로 영화 100년 역사상 가장 폭넓은 사랑을 받는 영화인이 되었다. 그는 제국주의 전쟁의 범죄성을 파헤쳐 한때 공산주의자란 누명까지 썼으나 결국엔 미국의 아카데미 공로상을 받았고 고국인 영국의 여왕 엘리자베스로부터 기사 작위까지 받게 되었다.

2월 6일, 1952년

영국 엘리자베스 2세 즉위

1952년 2월 6일 영국의 엘리자베스 2세가 25세의 나이로 왕위에 올랐다. 그녀는 전 국왕이던 아버지 조지 6세의 건강악화로 이미 다양한 국가행사에 아버지 대행으로 참석해 왔는데 국왕의 갑작스런 사망으로 왕위를 계승한 것이다. 여왕의 대관식은 이듬해인 53년 6월에 웨스트민스터 대수도원에서 거행됐는데 사상 최초로 TV를 통해 전 세계에 중계됐다. 지난 1999년 한국을 방문한 여왕은 자신의 73번째 생일을 안동 하회마을에서 맞았다.

2월 7일, 1812년

영국의 소설가 디킨스 출생

영국에서 가장 큰 인기를 누렸던 소설가 찰스 디킨스가 200여 년 전인 1812년 2월 7일, 해군 하급관리의 아들로 태어났다. 경제관념이 없는 아버지로 인해 12살 때 런던의 구두약 공장에서 하루 10시간의 노동을 했던 아픈 기억이 있는 디킨스는 사환과 신문기자를 거치면서 작가로 성장했다. 디킨스는 평생 대중을 사랑했고 대중은 그에게 열광해 셰익스피어와 함께 영국문학의 대표작가로 인정받는다. 주요작은 '올리버 트위스트' '크리스마스 캐럴' '데이비드 코퍼필드' '위대한 유산' 등.

2월 7일, 1964년

비틀즈 미국 침공

1964년 2월 7일 낮 1시30분, 미국 케네디 공항에서 영국의 4인조 그룹 비틀즈가 나타나자 공항에 모인 3000여 명의 소녀들이 기쁨의 환호성을 질렀다. 이틀 후 비틀즈가 출연한 TV프로그램 '에드 설리번 쇼'는 7300만 명의 미국인이 시청했다는 기록을 남겼다. 영국 가수는 미국에서 성공할 수 없다는 징크스를 깨며 'I Want To Hold Your Hand'로 전미 히트 차트 1위에 오른 비틀즈는 두 달 후엔 빌보드 차트 랭킹 1위부터 5위까지 모두 석권하고 만다. 미국에 상륙한 이 해에만 18주 동안 전미 차트 1위를 독점하면서 미국 싱글레코드 판매의 60%를 차지한 그들은 1970년 해체하기 전까지 9년간 211곡을 발표했고 앨범 판매량은 20세기 최대 기록인 1억 6000만 장 이었다.

2월 8일, 1904년

러일 전쟁 발발

1904년 2월 8일, 일본의 해군사령관 도고 헤이하치로가 이끄는 연합 함대가 여순항에 정박해 있던 러시아 함대를 향해 돌연 어뢰 공격을 감행했다. 일본이 일으킨 전쟁마다 늘 그랬듯, 이번에도 선전포고 없는 갑작스러운 기습이었다. 만주와 조선의 쟁탈 주도권을 쥐기 위한 제국주의적 욕망의 충돌이 원인이었던 이 전쟁에서 주변국들의 예상을 뒤엎고 일본이 승리를 거머쥔다. 이후 마치 골리앗을 쓰러뜨린 다윗인 양, 세계무대에 진출할 자신감을 얻은 일본은 자국의 역량을 헤아리지 않고 거침없이 패권주의로 내닫고 말았다.

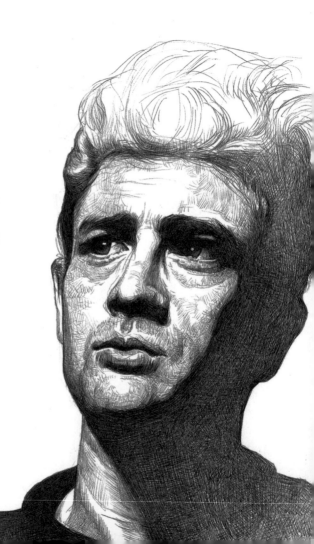

2월 8일, 1931년

영원한 청춘 제임스 딘 출생

1931년 2월 8일, 생애 단 3편의 영화만으로 청춘의 우상이 되었던 제임스 딘이 태어났다. 그는 불우하게 보낸 어린 시절을 뒤로 하고 배우의 꿈을 꾸며 입성한 헐리우드에서 5년 가까이 단역 배우로 전전했으나 1954년 영화 '에덴의 동쪽'에서 주연으로 발탁되어 섬세하고 날카로운 성격의 청년 역을 호연, 성공하였다. 우울하고 반항적인 눈빛 연기는 이어진 영화 '이유 없는 반항'으로 극대화되어 이 시대 젊은이들에게 폭발적인 인기를 끌었다. 그러나 여배우 피어 안젤리와의 사랑이 실패하여 좌절을 겪은 후 자신의 세 번째 영화인 '자이언트'의 개봉을 앞두고 스포츠 카를 과속으로 몰다 사고를 일으켜 불꽃같은 생을 마감하였다.

2월 8일, 1828년

근대 SF의 선구자 쥘 베른 출생

근대적 SF소설의 베스트셀러 작가 쥘 베른이 1828년 2월 8일, 프랑스 서부 대서양 연안의 항구도시 낭트에서 법조인 가문의 장남으로 태어났다. 아버지의 뜻에 따라 법학을 전공했으나 곧 문학으로 전향한 뒤 대담한 상상력과 철저한 자료 조사로 모험 소설을 펴냈다. 과학적이면서도 신비하고 미래적인 직관으로 한 시대를 풍미한 그의 작품은 이후 연극과 영화, 애니메이션 등으로 변주되며 끊임없이 전 세계의 꾸준한 사랑을 받고 있다. 대표작은 '해저 2만 리' '80일간의 세계 일주' '15소년 표류기' 등.

2월 9일, 1989년

아톰의 작가 데즈카 사망

1989년 2월 9일, '철완 아톰'을 창조한 일본의 만화가 데즈카 오사무가 위암으로 사망했다. 오사카 대학에서 의학을 전공해 의학 박사 학위까지 취득했지만 의사 직을 포기하고 만화가로 대성하였다. '정글 대제' '리본의 기사' '불새' 등 700여 종의 만화책과 60여 종의 만화 영화를 제작한 데즈카는 어린이 만화만을 그린 것이 아니라 부조리한 인간 세계의 현실을 담은 철학적인 만화도 그려냈으며, 그의 사후 일본에서는 '만화의 아버지' 혹은 '만화의 신'으로 일컬어져 오고 있다. 고향 오사카에는 그의 업적을 기리는 데즈카 오사무 박물관이 세워져 있다.

2월 9일, 1881년

러시아 문호 도스토옙스키 사망

1881년 2월 9일, 러시아 문학의 최고 거장 가운데 한 사람인 작가 표도르 도스토옙스키가 60세의 나이로 사망했다. 첫 작품 '가난한 사람들'로 호평 받은 그는 급진적 정치 모임에 참여했다가 체포돼 총살직전에 황제의 특사로 감형된 후 시베리아 감옥에서 4년을 지냈다. 잡지 발간과 도박으로 진 빚을 갚기 위해 출판사와 무리한 계약을 하여 마감에 쫓기며 글을 썼다. 대표작인 '죄와 벌' '카라마조프가의 형제들'에서 인간 존재의 근본 문제를 제기했다.

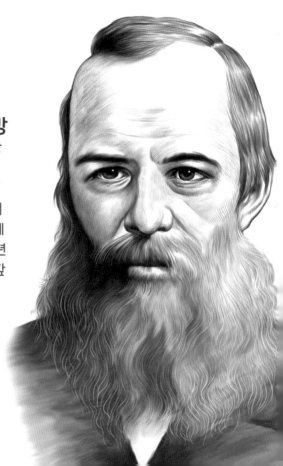

2월 9일, 1950년

미국, 매카시즘 광풍 시작

1950년 2월 9일, 경력위조, 금품수수, 음주 추태 등으로 정치적 사면초가에 몰린 위스콘신 주 상원의원 조지프 매카시가 "미국무성 안에 205명의 공산주의자가 있다"는 폭탄 연설을 했다. 제2차 세계대전 후 심각한 냉전체제 중 미국은 동독과 중국의 공산화와 소련의 급격한 팽창에 위협을 느끼고 있었던 것이 배경이었다. 정작 매카시는 자신이 폭로한 공산주의자가 누군지 전혀 밝혀내지 못했지만 정계와 관계, 예술계, 언론계를 비롯해 대통령의 정책까지 공산주의와 연계시켜 심판대에 올렸고 신문들은 사실 여부에 관계없이 무책임한 폭로를 헤드라인으로 올려 판매 부수를 올리는데 급급했다. 그러나 1954년 열린 청문회에서 매카시는 허풍만 늘어놓고 고함을 치고 협박을 하는 등 이성을 잃고 추태를 부리는 모습이 고스란히 TV에 생중계되면서 몰락을 자초하고 말았다.

2월 10일, 1949년

연극 '세일즈맨의 죽음' 초연

1949년 2월 10일, 뉴욕 모로스코 극장에서 극작가 아서 밀러의 작품 '세일즈맨의 죽음'이 처음 막을 올렸다. 주인공 로만 역은 리 콥, 연출은 엘리아 카잔이었다. 이 작품은 30년 동안 오직 '세일즈맨'으로 성실하게 살아왔던 주인공 윌리 로만이 삶에 지치고 자식에게 배신당한 후 보험금을 가족에게 주는 최후의 선물로 남기고 차를 몰아 자살한다는 내용이다. 1940년대 후반 미국의 소시민적 소재를 뛰어넘어 전세계 보통사람들에게 보편적인 공감을 이끌어낸 이 걸작은 퓰리처상과 각종 비평가상을 휩쓸었다. 하지만 오늘날 대한민국의 가장들에 비한다면 로만은 오히려 형편이 나았다고 어느 경제지 저널리스트는 쓴 소리를 한 바 있다.

2월 10일, 1992년

'뿌리'의 저자 헤일리 사망

1992년 2월 10일, 소설 '뿌리'와 '말콤 X'의 저자 알렉스 헤일리가 급환으로 미국 시애틀의 한 병원에서 사망했다. 그는 흑인 무슬림 투사 말콤X의 자서전을 대필한 것이 계기가 되어, 서부 아프리카 감비아의 한 마을에서 노예로 잡혀온 자신의 조상 쿤타킨테 이래 6대에 걸친 모계의 내력을 '뿌리'라는 소설로 완성했다. 이 작품으로 그는 퓰리처상을 받았고 '뿌리'는 동명의 TV 미니시리즈로 방영돼 전 세계적인 신드롬을 불러 일으켰다.

2월 11일, 기원전 479년

유교 시조 공자 사망

기원전 479년 2월 11일 고대 중국의 사상가 공자가 73세의 나이로 사망했다. 공자의 이름은 '구'이고 공자의 '자'는 존칭으로 선생을 뜻한다. 공자는 최고의 덕을 인(仁)으로 보았고 인은 극기복례(克己復禮)로 이룰 수 있다고 생각했다. 공자 사상의 핵심인 극기복례는 '자신을 이기고 예를 따른다'라는 뜻으로 여기서 예는 되살려야 할 주나라의 문화, 문물, 사상, 예법을 총체적으로 가리킨다. 공자는 초월적인 신을 거부하고 현실의 인간이 추구해야 할 이상적 질서를 찾았던 사람이다. 그는 춘추전국의 혼란한 시대에 법보다 덕으로 국가를 다스리는 이상정치를 꿈꾸었지만 현실의 권력자들에 겐 받아들여지지 않았다.

2월 11일, 1990년

만델라, 27년 만에 석방

인종차별정책인 아파르트헤이트에 반대하는 무장항쟁의 주도자로 체포돼 27년이라는 기나 긴 수감생활을 보내던 넬슨 만델라가 1990년 2월 11일, 마침내 석방된다. 남아프리카공화국 최초의 흑인 변호사였던 그는 흑인해방운동에 전념하던 중 1962년 체포돼 종신형을 선고받았다. 10000일의 수감생활 후 석방된 그는 백인정부와의 협상끝에 흑백차별 없는 총선 실시에 합의하여 인종차별의 종식을 고했다. 93년 노벨평화상을 공동수상하고 94년 대통령에 당선된 넬슨의 아프리카어 본명은 롤리흘라흘라다.

2월 12일, 1804년

독일의 철학자 칸트 사망

1804년 2월 12일 비판철학으로 서양의 근대철학을 종합한 독일의 철학자 임마누엘 칸트가 80세를 일기로 사망했다. 그는 고향 쾨니히스베르크에서 150km 이상 벗어난 적 없이 평생을 독신으로 살았다. 46세 까지 정식 교수가 아닌 강사 생활을 한 칸트는 합리론과 경험론을 비판적으로 종합한 '순수 이성비판'을 저술해 보편적 진리와 도덕적 최고선을 추구하는 인간의 능동적·자발적 능력을 강조했다.

2월 12일, 1999년

클린턴 미국대통령 탄핵안 부결

1999년 2월 12일 미국상원은 42대 대통령 빌 클린턴에 대한 위증과 사법방해 등 2개 항의 탄핵안을 부결시켰다. 미국 역사상 현직 대통령에 대한 두번째 탄핵투표였다. 이로써 클린턴 대통령은 백악관 인턴직원이었던 모니카 르윈스키양과의 성추문으로 초래된 정치적 위기에서 13개월 만에 벗어나 2001년 1월까지 임기를 보장받았다.

2월 13일, 1999년

영화 '쉬리' 개봉

1999년 2월 13일, 강제규 감독에 한석규, 최민식, 송강호, 김윤진 주연의 영화 '쉬리'가 개봉됐다. 제작비 24억 원의 이 한국형 블록버스터는 이전까지 한국 최다관객수를 기록한 외화 '타이타닉'의 226만 명을 훌쩍 뛰어넘어 개봉 199일 동안 621만 명이 관람했다. 실감나는 도심 총격 신과 남북한 정보요원 간의 비극적 사랑을 줄거리로 한 '쉬리'는 일본에서도 100만 명이 넘는 관객을 동원했고 홍콩, 북미 등 총 15개 지역에서 500만 달러의 수익을 올렸다.

2월 13일, 1967년

시인 유치환 사망

1967년 2월 13일 시인이자 부산여상 교
장인 청마 유치환이 버스에 치여 두개골
파열상을 입고 부산대병원으로 옮기던
도중 59세의 나이로 사망했다.

깃발

이것은 소리 없는 아우성

저 푸른 해원을 향하여 흔드는

영원한 노스텔지어의 손수건

순정은 물결같이 바람에 나부끼고

오로지 맑고 곧은 이념의 푯대 끝에

애수는 백로처럼 날개를 펴다.

아아 누구던가

이렇게 슬프고도 애달픈 마음을

맨 처음 공중에 달 줄을 안 그는.

2월 14일, 1989년

소설가 루시디 처형 선고

1989년 2월 14일, 이란 혁명의 최고
지도자 호메이니가 소설 '악마의 시'
저자 살만 루시디에게 사형을 선고했다.
'악마의 시'는 인도 출신의 영국 소설
가 루시디가 88년에 낸 소설로, 호메이니는
이 소설이 코란을 악마의 말이라 조롱하고 마
호메트의 믿음을 의심했다고 판단했다. 이로써
루시디는 끝 모를 피신 생활을 시작했는데 일본
인 번역자가 살해됐고 이 책과 관련된 여러 사람이
테러를 당했다. 이후 모하마드 하타미 이란 대통령이
1998년과 2001년 두 차례나 루시디의 사면을 선언했다.

2월 14일, 270년

밸런타인 주교 순교

서기 270년 2월 14일, 로마 교회의 밸런타인 주교가, 남자들을 더 많이 입대시키기 위해 결혼을 금지했던 황제 클라디우스 2세의 명령을 어기고 군인들의 혼배성사를 집전하다가 미움을 사 처형당했다. 세계 각지에서 이 날을 '밸런타인데이'라 해서 남녀가 서로 사랑을 맹세하는 날로 기념하고 있다. 초콜릿을 보내는 관습은 19세기 영국에서 시작됐지만 1960년 일본의 모리나가 제과가 여성들에게 초콜릿을 통한 사랑고백 캠페인을 벌이기 시작한 것이 계기가 되어 여성이 초콜릿을 통해 좋아하는 남성에게 사랑을 고백하는 일본식 밸런타인데이가 정착되기 시작해 오늘에 이르렀다.

2월 15일, 1988년

물리학자 파인만 사망

1988년 2월 15일, 미국의 이론물리학자 리처드 파인만이 암으로 투병하던 중 70세를 일기로 LA에서 사망했다. MIT 와 프린스턴에서 공부한 그는 제2차 세계대전 중 원자폭탄 개발계획인 '맨해튼 프로젝트'에 참여했고 65년 양자 전기역학 연구로 노벨물리학상을 공동수상했다. 그는 거시물리의 아인슈타인과 함께 미시물리에서 20세기 최고의 물리학자로 인정받는다. 파인만은 형식과 권위를 거부하고 자유롭고 창조적인 사고로 과학의 대중화에 큰 족적을 남겼다.

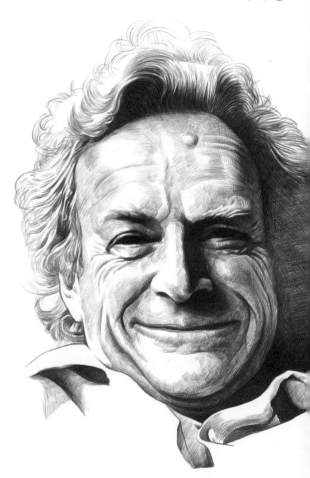

2월 15일, 1936년

'폴크스바겐' 계획 발표

1936년 2월 15일, 나치 독일의 독재자 아돌프 히틀러가 어른 2명에 아이 3명이 탈 수 있고, 리터당 14.5km의 연비로 시속 100km 이상을 달릴 수 있는 '국민차(Volkswagen)'를 만들 계획을 발표했다. 당시 기술력으로는 불가능하다고 여겨진 이 계획을 실행에 옮긴 것은 천재적인 자동차 박사 페르디난트 포르쉐였다. 2차 세계대전의 패전으로 쑥대밭이 됐던 독일을 재건하는 견인차 역할을 했던 것이 딱정벌레형 모델의 폴크스바겐 비틀이었고 이후 폴크스바겐사는 세계 유수의 자동차메이커들을 인수하면서 현재 유럽 최대의 자동차 그룹으로 부상했다. 연간 평균 생산대수 약 520만 대, 고용 규모는 총 30만 명으로 본사는 볼프스부르크에 있다.

2월 16일, 2009년

김수환 추기경 선종

2009년 2월 16일, 한국 최초로 추기경에 올랐던 김수환 추기경이 선종했다. 향년 87세, 세례명은 스테파노. 무진박해 때 순교한 조부 김보현의 손자로 대구에서 태어난 김 추기경은 독실한 천주교인이었던 어머니의 말씀을 따라 30세에 대구 계산동 성당에서 사제로 서품됐다. 전 세계 추기경 134명 가운데 최연소의 나이인 47세에 추기경에 오른 그는 가난하고 소외된 사람들의 벗이었으며 한국 민주화 운동의 버팀목이었다.

"고맙습니다,
서로 사랑하세요"

118

2월 16일, 1954년

마릴린 먼로 한국 방문

6·25 전쟁이 끝난 직후인 1954년 2월 16일, 당시 할리우드 최고의 스타였던 마릴린 먼로가 한국을 방문했다. 뉴욕양키스의 전설적인 강타자 조 디마지오와 막 결혼한 먼로는 신혼여행지로 일본을 방문했다가 주한미군 위문공연 요청을 받고 방한한 것이다. 무려 10만 명의 군인들이 보내는 열렬한 환호에 먼로는 영하의 추운 날씨에도 아랑곳 않고 4일 동안 10차례의 공연을 가졌다. 후일 먼로는 한국공연을 '내게 일어난 가장 멋진 일'이었다고 술회했다.

2월 16일, 1945년

시인 윤동주 별이 되다

1945년 2월 16일, 맑고 정직한 인품과 순수한 열정을 지녔던 청년 윤동주가 일제에 대한 저항의식이 남달랐다는 이유로 체포되어 1년 반의 모진 고문 끝에 일본 후쿠오카 형무소에서 유명을 달리했다.

죽는 날까지 하늘을 우러러
한 점 부끄럼이 없기를
잎새에 이는 바람에도
나는 괴로워했다.
별을 노래하는 마음으로
모든 죽어 가는 것을 사랑해야지.
그리고 나한테 주어진 길을
걸어가야겠다.
오늘 밤에도 별이 바람에 스치운다.
― 서시 윤동주

2월 17일, 1904년

오페라 '나비부인' 초연 대 실패

'마농 레스코' '라보엠' '토스카' 등을 잇달아 히트
시키며 20세기 초 오페라 계에서 최고의 명성을
자랑하던 푸치니가 3년간의 철저한 준비를 거쳐
완성한 오페라 '나비부인'이 1904년 2월 17일,
밀라노의 라 스칼라 극장에서 첫 공연을 가졌다.
19세기 말 일본의 나가사키를 배경으로, 미 해군
중위 핑커튼과 일본의 게이샤 초초상의 애절한
사랑이야기를 오페라로 각색한 '나비부인'의 초
연은 푸치니의 자신과 달리 참담한 실패로 막을
내렸고 그 후의 모든 공연도 취소됐다. 낯선 일본
풍경과 동양적 선율, 1시간 반이나 지루하게 이
어지는 2막, 여주인공의 기모노 의상도 관객의
조롱거리였다. 그러나 푸치니는 와신상담,
2막의 일부를 줄이는 등 작품을 고쳐 3개
월 뒤 토스카니니 지휘의 두 번째 공연에서
는 성황리에 막을 내렸고, 다음해 런던공연
때는 더욱 더 놀라운 성공을 거두며 최고의
오페라로 인정받게 된다.

2월 17일, 1600년

르네상스시대 사상가 브루노 화형

1600년 2월 17일, 로마 가톨릭의 도미니코회 수도사였던 조르다노 브루노가 공개 화형에 처해졌다. 그는 당시 이단시되던 지동설에 비해 한층 더 과격한 무한 우주론을 주장했는데 과학자 코페르니쿠스의 태양 중심 우주론보다 훨씬 더 정확한 견해로 판명되었다.

우리가 아는 것 이상의 별들이 없다고 생각하는 사람은 작은 창문을 통해 바라보는 새들만이 공중에 날아다닌다고 믿는 것과 다를 바 없다

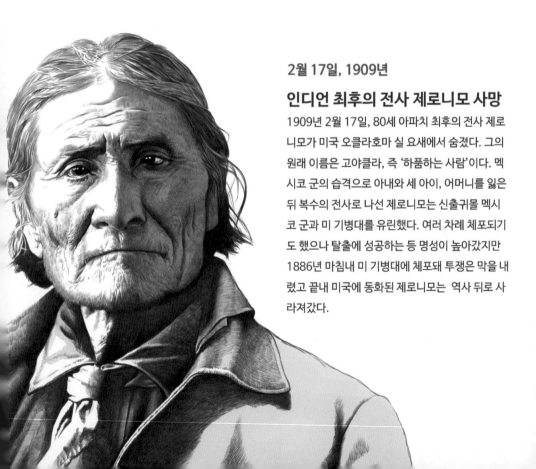

2월 17일, 1909년

인디언 최후의 전사 제로니모 사망

1909년 2월 17일, 80세 아파치 최후의 전사 제로니모가 미국 오클라호마 실 요새에서 숨졌다. 그의 원래 이름은 고야클라, 즉 '하품하는 사람'이다. 멕시코 군의 습격으로 아내와 세 아이, 어머니를 잃은 뒤 복수의 전사로 나선 제로니모는 신출귀몰 멕시코 군과 미 기병대를 유린했다. 여러 차례 체포되기도 했으나 탈출에 성공하는 등 명성이 높아갔지만 1886년 마침내 미 기병대에 체포돼 투쟁은 막을 내렸고 끝내 미국에 동화된 제로니모는 역사 뒤로 사라져갔다.

2월 18일, 1564년

거장 미켈란젤로 사망

르네상스시대 이탈리아의 조각·회화·건축의 대가 미켈란젤로 부오나로티가 1564년 2월 18일 89세를 일기로 세상을 떠났다. 페렌체의 메디치가와 로마 교황들의 후원을 받은 그는 20대에 이미 산피에트로성당의 '피에타'와 피렌체 시청 앞의 '다비드'로 천재로 칭송됐다. 또 그가 4년 만에 완성한 시스티나성당의 천장화 '천지창조'와 그 후의 '최후의 심판'은 회화 부문에서도 인류 최고의 문화유산 중 하나로 손꼽힌다. 평생 독신으로 지낸 그는 말년에는 시와 서간문에 몰두했다.

2월18일, 1967년

'원자폭탄의 아버지' 오펜하이머 사망

1967년 2월 18일, 미국 로스앨러모스 연구소의 소장으로 원자폭탄의 개발을 총지휘던 로버트 오펜하이머가 후두암으로 사망했다. 아인슈타인을 비롯해 엔리코 페르미, 한스 베테 등 당대 최고의 물리학자들과 함께 개발한 원자폭탄이 미국을 전쟁의 승자로 이끌면서 오펜하이머는 일약 영웅으로 떠받들어졌지만 일순간에 22만 5000명의 목숨을 앗아간 원폭의 무서움 앞에 전율했고 고뇌 속에 연구소장을 사임하고 수소폭탄 제조 반대운동에 앞장선다. 그러나 때마침 불어닥친 매카시즘의 광풍으로 그는 '마녀사냥'의 희생양으로 공산주의자란 낙인이 찍혀 63년 린든 존슨 대통령이 페르미상을 수여하여 복권하기 전까지 오욕의 삶을 살아야 했다.

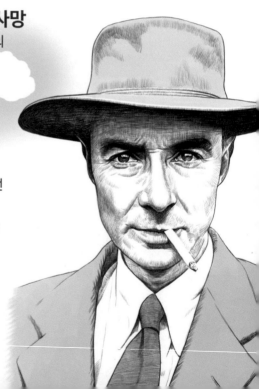

2월18일, 1884년

'허클베리 핀의 모험' 출간

1884년 2월 18일, 미국의 유명작가 마크 트웨인의 소설 '허클베리 핀의 모험'이 출간되었다. 소년 허클베리 핀과 흑인 노예 짐이 미시시피 강을 따라 뗏목여행을 하며 겪는 모험을 그린 이 소설은 미국 현대 문학의 효시가 되는 작품이라 평가되고 있다. 소년시절부터 인쇄공으로 일하며 변변한 학교교육을 받지 못했으나 닥치는 대로 책을 읽으며 지식을 쌓은 마크 트웨인은 20대에 미시시피 강의 수로 안내인으로 일한 경험을 살려 '톰 소여의 모험'과 '허클베리 핀의 모험'을 쓸 수 있었다.

2월 19일, 1951년

소설가 앙드레 지드 사망

소설 '좁은 문'의 작가 앙드레 지드
가 1951년 2월 19일 파리에서
폐결핵으로 사망했다. 어린 시절
어머니의 엄격한 청교도 교육을
받으며 자란 지드는 선과 악의 이분
법적 기독교 사상을 거부하고 정신과
육체는 함께 자유와 행복을 누려야 한다고
주장했다. 1947년 노벨문학상을 수상한 그
의 수상 사유는 "진리를 향한 대담무쌍한 사랑과
예리한 심리학적 통찰을 놀라운 글쓰기로 표현해낸
작가"라고 한림원은 밝혔다.

2월19일, 1878년

에디슨, 축음기 특허 획득

미국의 발명가 토마스 에디슨이 1878년 2월 19일 축음기의 발명 특허를 받았다. 소리를 저장해 시간의 한계를 극복하겠다는 아이디어가 실현된 셈이다. 당시의 이름은 포노그래프. 에디슨이 특허를 내면서 적어낸 축음기의 가장 중요한 용도는 노래나 음악이 아니라 회의나 재판때 속기사 대신 말을 기록(녹음)하는 것이었다.

2월 20일, 1584년

율곡 이이 사망

1584년 2월 20일, 조선 중기의 유학자 이자 정치가,
사상가인 이이가 49세의 나이로 생을 마감했다.
율곡은 호의 하나다. 사헌부 감찰을 지낸 이
원수와 사임당 신 씨의 셋째 아들로 외가인
강릉에서 태어난 이이는 조광조의 제자인
백인걸 문하에서 학문을 닦았는데 아홉
차례의 과거에 모두 장원으로 합격한
천재였다. 사망 전까지 20년 간 관직
에 있으면서 '십만양병설' 등 개
혁안을 주장했고 학문 연구와 후
진 양성에 힘썼다. 사후 우리나
라 18대 명현 가운데 한 명으로
문묘에 배향되어 있다.

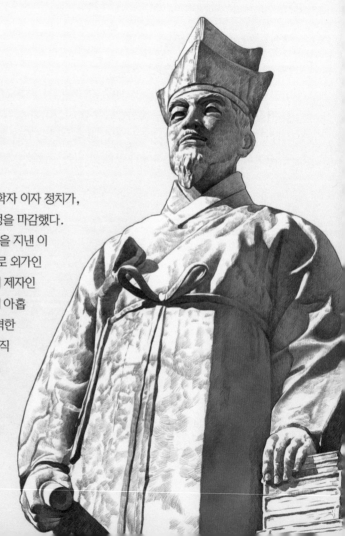

2월 21일, 1677년

철학자 스피노자 사망

"내일 지구의 종말이 올지라도 오늘 한 그루 사과나무를 심겠다." 1677년 2월 21일, 긍정과 자유의 철학으로 '철학자들의 그리스도'라 불린 네덜란드의 철학자 스피노자가 45세로 사망했다. 암스테르담에서 유태인 상인의 아들로 태어난 그는 유태교단의 학교에서 가장 뛰어난 학생이었으나 데카르트의 '방법적 회의'를 받아들여 유태 교회에서 파문당하고 암살 위협까지 받았다. 하이델베르크 대학의 정교수 초청에도 응하지 않고 말년까지 연구와 집필에만 몰두했다.

2월 21일, 기원전 202년

항우, 해하 전투에서 유방에 패하다

기원전 202년 2월 21일, 진나라를 멸망시킨 영웅 초패왕 항우가 해하 전투에서 한나라 유방의 사면초가 작전에 몰려 대패하고 자결했다. 항우는 최후의 술자리에서 사랑하는 부인 우미인과의 이별(패왕별희)을 슬퍼하며 노래(해하가)를 부른다.

힘은 산을 뽑을 만하고 기운은
세상을 덮을 만한데

때가 불리하니 오추마도
나아가질 않는구나

추가 더 이상 내딛지
않으니 어쩔 것인가

우희야 우희야 너를
어찌한단 말이냐?

2월22일, 1987년

팝 아트 선구자 워홀 사망

1987년 2월 22일, 미국의 자본주의와 매스미디어를 엮어 독특한 상업 회화로 표현했던 앤디 워홀이 57세의 일기로 사망했다. 그는 하나의 작품으로 끝나는 일반 회화와 달리 같은 이미지를 여러 벌 찍어낼 수 있는 실크 스크린 판화 기법으로 마릴린 먼로나 엘비스 프레슬리 등의 대중스타 이미지와 수프 캔, 달러 기호 등을 이용해 미국 사회를 경박하게 상품화한 작품으로 할리우드 스타 못지않은 인기와 부를 누렸다.

2월 22일, 1836년

다산 정약용 별세

조선의 위대한 실학자요 개혁가인 다산
정약용이 1836년 2월 22일, 74세를 일기
로 생을 마쳤다. 진주목사를 지낸 정재
원의 넷째 아들로 태어난 정약용은 어릴
때부터 천재적 소질이 있었고 22세 초시
합격 후 성균관에 입학하면서 정조의 신
임을 받았다. 수원성 축조 등 관직 생활
중 업적도 많았으나 정조 사후 천주교
믿음 등의 이유로 기나긴 유배 생활을
했다. 전남 강진의 18년 유배 생활 중 목
민심서를 비롯한 500여 권의 방대한 저
서를 남겼고 부국강병의 개혁적 실학사
상을 수많은 제자들이 이어받았다.

2월 22일, 1630년

팝콘, 세상에 첫선을 보이다

1630년 2월 22일, 콰대기나 인디언이 사슴가죽가방에 넣은 팝콘을 처음 선보였다. 인디언들은 옥수수 알 속에 갇혀있던 조그만 악마가 열이 가해지면 퍽 소리를 내며 뛰쳐나온다고 믿었다. 옥수수 알에 함유되어 있는 14%의 수분이 섭씨 205도가 되면 수증기로 변하면서 본래 부피의 35~40배가 되는 팝콘이 만들어진다. 약 100개중 1개꼴로 튀겨지지 않은 옥수수 알이 나오는데 이를 '노처녀(spinster)'라 한다.

2월 23일, 1997년

복제양 '돌리' 탄생 발표

세계 최초로 체세포 복제를 통해 포유류가 태어났다. 영국 에든버러 로스린 연구소의 아이언 윌머트 박사팀은 1997년 2월 23일, 6년생 암양의 DNA를 다른 양의 난자와 결합, 암수 성교나 수컷 정액 없이도 미수정란 핵을 체세포 핵으로 바꾸고 유전적으로 똑같은 양을 만들어내는 데 성공했다고 발표했다. 윌머트 박사는 세포핵을 갖게 된 이 수정란을 또 다른 암양 자궁에 이식, 첫 번째 양과 유전자가 똑같은 새끼 '돌리'가 태어났다고 밝혔다.

2월 23일, 1945년

미 해병대, 일본 이오지마 함락

1945년 2월 23일 제2차 세계대전 중 가장 악몽 같은 전투 끝에 미 해병대는 일본 도쿄 동남방 1000km 지점의 이오지마를 함락하여 이 섬의 최고 산정인 스리바치산 꼭대기에 성조기를 꽂았다. 일본군은 거의 90%가 사망했고 미군도 6800여 명이 전사해 미국 역사상 가장 처절하고 값비싼 대가를 치른 전투 중 하나로 기록된다. 퓰리처상을 받은 아래의 유명한 장면은 AP기자 로젠탈의 연출임이 밝혀졌다.

2월 23일, 1685년

작곡가 헨델 출생

1685년 2월 23일, '음악의 어머니'로 불리는 프리드리히 헨델이 독일 작센의 할레 마을에서 태어났다. 헨델은 웅장하고 경쾌한 오페라들로 큰 성공을 거두었고 종교음악으로 전환해 20여 곡의 오라토리오를 작곡했다. 그중 24일 만에 완성한 필생의 역작 '메시아'의 할렐루야 코러스는 영국 궁왕 조지 2세가 감동한 나머지 기립해 들은 이후 청중의 관습이 됐다.

2월 24일, 1848년

마르크스와 엥겔스, '공산당 선언' 발표

1848년 2월 24일, 인류역사상 가장 영향력 있는 문서 중 하나인 '공산당 선언'이 칼 마르크스와 프리드리히 엥겔스에 의하여 런던에서 발표됐다.

"하나의 유령이 유럽을 배회하고 있다. 공산주의라는 유령이…

자본주의는 인간의 존엄을 교환가치로 녹여 버렸고…

인간의 자유를 단 하나의 파렴치한 상거래의 자유로 대체했다…

공산주의 혁명으로 프롤레타리아가 잃을 것이라곤 쇠사슬 뿐이요 얻을 것은 전세계다"

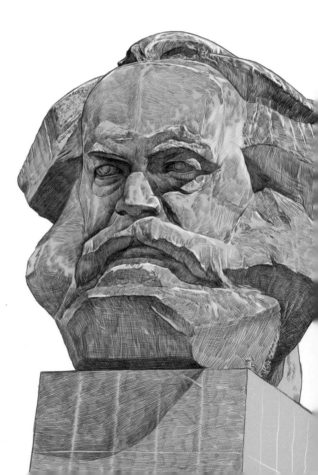

2월 24일, 1955년

스티브 잡스 태어나다

1955년 2월 24일, 세계 최고의 IT 기업 애플을 설립하고 키운 스티브 잡스가 미국 캘리포니아주 샌프란시스코에서 태어났다. 입양아로 자란 잡스는 고교 졸업 후 대학을 자퇴하고 부모의 차고에서 최초의 개인용 컴퓨터인 애플을 만들었다. 경영 분쟁으로 애플사를 퇴사한 후 픽사를 인수해 디지털 애니메이션에서 큰 성공을 거둔 그는 애플로 복귀해 다시 CEO가 됐고 아이맥과 아이팟, 그리고 아이폰과 아이패드로 세계 최고의 기업을 일구어냈다. 2004년 췌장암 발병 후 7년 만에 CEO에서 물러나 56세의 나이로 세상을 떠났다.

2월 24일, 1260년

쿠빌라이 칸, 원나라를 세우다

1260년 2월 24일, 몽골 제국의 제5대 칸이자 칭기즈 칸의 손자인 쿠빌라이 칸이 제국의 국호를 원으로 칭하고 황제에 즉위했다. 그는 남송을 멸망시키고 중국을 통일했으며 대도(현재의 북경)을 도읍으로 정했다. 그는 티베트에서 라마교를 받아들였고 서양인을 우대하여 마르코 폴로 등이 입국하는 등 통일된 다민족 국가를 세우고자 애썼으며 넓은 영토를 차지한 대제국을 완성하여 원의 전성시대를 이루었다. 한때 그는 고려와 연합해 일본을 정복하려 했으나 두 차례 모두 태풍으로 실패하고 말았다.

2월 25일, 1836년

콜트 리볼버 권총 특허 획득

1836년 2월 25일, 미국 뉴저지 주의 작은 공장에서 혁신적인 권총 1정이 탄생했다. 새뮤얼 콜트가 고안한 '리볼버'(회전식 권총)다. 최초로 연발 사격이 가능한 권총으로 서부영화에서 무법자들이 쏘아대던 바로 그 권총이다. 콜트는 10대 때 선원으로 일하면서 증기선의 바퀴에 착안, 리볼버를 설계했다. 복잡한 장치가 없어 고장이 적고 쉽게 사용할 수 있는 장점으로 개발된 지 170년이 지난 요즘도 애용된다. 한국 경찰은 38구경 리볼버를 쓴다. 콜트는 고향 코네티컷주에 콜트 사를 세웠는데 서부개척, 남북전쟁으로 수요가 급증하면서 최대 총기회사로 컸다. 1960년대 M16소총을 만든 것도 이 회사다.

2월 25일, 1964년

알리, 세계 헤비급 챔피언 등극

1964년 2월 25일, 도전자 케시어스 클레이 (무하마드 알리)가 챔피언 리스톤을 7회 TKO로 이겨 세계 헤비급 챔피언이 되었다. 전 챔피언 패터슨을 1라운드 KO로 이긴 리스톤이 지리라고 예상한 사람은 극소수였지만 리스톤은 '나비처럼 날아서 벌처럼 쏜다'고 떠벌렸던 22세의 신예 클레이의 희생물이 되고 말았다. 클레이는 헤비급 타이틀을 획득한 후 이슬람교로 개종해 이름도 '무하마드 알리'로 개명했다.

2월 26일, 1802년

'레 미제라블' 작가 위고 태어남

1802년 2월 26일 19세기 프랑스 문학을 대표하는 문호 빅토르 마리 위고가 브장송에서 출생했다. 위고는 나폴레옹 휘하의 장군이었던 아버지의 원하던 대로 법학을 공부했으나 시와 희곡을 써 유명해졌고 소설 '파리의 노트르담'으로 확고한 명성을 얻었다. 여배우 등 수많은 여자들과의 염문으로 감옥에 가기까지 한 그는 칩거한 채 써낸 대작 '레 미제라블'을 60세에 간행해 세계적 작가로 우뚝 섰다. '레 미제라블'은 30여 차례, '파리의 노트르담'은 10여 차례 영화화 됐다.

2월 26일, 2006년

안현수, 토리노올림픽 쇼트트랙 3관왕

2006년 2월 26일, 제20회 겨울올림픽이 열렸던 이탈리아 토리노에서 1000m와 1500m를 끈질긴 승부근성으로 우승한 안현수는 5000m 계주에서도 우승하여 '쇼트트랙 최고의 경기'상을 받았다. 대한민국과 캐나다는 45바퀴 동안 대접전을 벌였으나, 안현수는 마지막으로 추월을 하며 갑작스레 폭발적인 에너지로 번개같이 코너를 돌아 격차를 넓히고는 곧추선 자세로 결승점을 통과해 금메달 3관왕의 영예를 안았다. 미국의 안톤 오노는 "안현수는 이번 올림픽에서 믿기지 않을 정도였다. 이렇게까지 잘타는 걸 본 적이 없다."라고 말했다. ―2006년 2월 26일 토리노, 로이터통신 제인 바렛 기자

2월 27일, 1932년

배우 엘리자베스 테일러 태어남

역대 할리우드 여배우 중 미녀의 전형으로
최고의 찬사를 받은 엘리자베스 테일러가
1932년 2월 27일 런던에서 태어났다. 소
녀 때 부터 미모가 남달랐던 테일러는 10
세에 유니버셜 영화사에서 데뷔했다. 아
역으로 이미 스타덤을 예고했던 그녀는
19세에 영화 '젊은이의 양지'에서 아름
다움과 연기력을 인정받았고, '자이언
트'로 성숙해졌으며 '버터필드 8'로
오스카를 거머쥔다. 7명의 남편과
8번의 결혼으로도 유명했던 그녀
는 90년대 이후 긴 투병생활 끝에
2011년 79세로 세상을 떠났다.

2월 27일, 1873년

전설적 테너 카루소 출생

1873년 2월 27일 이탈리아의 전설적인 성악가 엔리코 카루소가 나폴리에서 태어났다. 열 살 때부터 공장에 나가야 할 만큼 빈민가에서 비참한 어린 시절을 보낸 카루소는 성당의 소년 성가대에서 노래하다 발탁돼 하층민의 삶을 노래하는 베리스모 오페라에서 두각을 나타냈다. 이후 스칼라와 메트로폴리탄에서 백지수표를 받을 정도로 절정의 인기를 구가했으나 무려 607차례의 공연에 출연하며 완벽한 무대를 위해 몸을 혹사하다 늑막염으로 겨우 48세에 숨을 거두었다. 20세기 성악의 끝이 루치아노 파바로티였다면 시작은 엔리코 카루소였다.

2월 28일, 1984년

마이클 잭슨, '팝의 황제' 등극

1984년 2월 28일, 미국 LA의 시라인 오라토리움에서 존덴버의 사회로 열린 제 26회 그래미 시상식에서 마이클 잭슨이 올해의 앨범과 올해의 레코드 등 무려 8개의 그래미 트로피를 거머쥐며 '팝의 황제'의 자리에 등극했다. 이것은 1년여 전인 1982년 12월 발매됐던 전설적인 앨범 'Thriller'가 미국 내에서만 2200만 장이라는 경이적인 판매고를 기록했고 빌보드 앨범차트에서 무려 37주간 1위라는 전무후무한 대기록을 작성했으며, 싱글차트 1위에 올랐던 'Billie Jean', 'Beat it'을 포함해 싱글로 커트된 7곡이 모두 Top 10에 진입하는 신기원을 이룬 후여서 예견된 일이었다.

2월 28일, 1979년

영화감독 하길종 요절

1979년 2월 28일, 70년대 고뇌와 낭만의 청춘 영화로 큰 반향을 불러 일으킨 영화감독 하길종이 간암으로 38세의 젊은 나이에 요절했다. 서울 대 불문과 졸업 후 도미하여 UCLA 영화과에서 석사학위를 받고 귀국 후 '바보들의 행진' '병태와 영자' '속 별들의 고향' 등의 영화에서 젊은이들의 꿈과 사랑, 고뇌와 좌절을 사회비판적 내용에 녹여내 청년 문화의 기수로 떠올랐다.

2월 29일, 1976년

현대차 '포니' 첫 출고

1976년 2월 29일, 최초의 국산 고유모델 승용차 '포니'가 현대자동차 울산공장에서 처음 출고됐다. 이탈리아 자동차 디자이너 쥬지아로가 설계하고 80마력에 배기량 1238cc의 미쓰비시 새턴 엔진을 얹었지만 현대차가 주도해서 개발한 최초의 국산차. 이때 포니 가격은 227만 3270원으로 판매 첫해 1만 726대가 팔려 단숨에 국내 승용차 시장점유율 43.5%를 차지했다. 같은 해 7월 최초로 에콰도르에 수출되기도 한 포니 덕택에 우리나라는 세계에서 16번째, 아시아에서 2번째로 고유모델 차를 보유한 국가가 됐다.

1월
January

2월
February

3월
March

4월
April

5월
May

6월
June

3월 1일, 2001년

바미얀 석불 파괴

2001년 3월 1일, 아프가니스탄의 이슬람 근본주의 세력인 탈레반 정권 민병대가 다이너마이트를 이용하여 바미얀의 고대석불을 파괴했다. 고대 간다라 미술의 영향을 보여주는 바미얀의 석불은 약 1500년 전에 제작된 것으로 추정되며 높이 53m와 37m 2개로 이루어진 인류의 문화유산이었다. 이슬람권 국가들을 포함한 세계 여러 나라의 파괴 중단 요청에도 불구하고 탈레반 정권은 "거짓 우상 숭배를 막기 위해 모든 석상을 파괴하겠다"는 선언대로 바미얀 석불은 희미한 윤곽만을 남기고 파괴됐다.

3월 2일, 1906년

이토 히로부미 초대 조선통감 취임

1906년 3월 2일, 을사조약에 따라 조선에 설치된 통감부의 초대통감으로 이토 히로부미가 부임했다. 이토는 부임 다음 해 고종을 강제 퇴위시키고 대한제국의 군대를 해산하는 등 조선을 일본에 합병하려는 통감부의 음모를 차근차근 실행해 나갔다. 일본 메이지정부의 초대총리에 올랐던 이토는 일본인에게는 최고의 정치가로 존경받는 인물이었지만 우리 조선에게는 재앙 덩어리였다. 통감의 임무를 끝내고 일본의 추밀원 원장으로 복귀한 이토 히로부미는 1909년 10월 26일, 30세의 청년지사 안중근의 총탄에 절명하고 만다.

3월 2일, 1933년

영화 '킹콩', 뉴욕서 개봉

1933년 3월 2일, 거대한 고릴라가 뉴욕시를 덮쳐 도시를 파괴하고 엠파이어스테이트 빌딩에서 복엽기와 사투를 벌이는 영화 '킹콩'이 미국 뉴욕에서 개봉됐다. 신장이 18m에 이르는 괴수 '콩'은 인도양의 가상의 '해골섬'에 살고 있었는데 인간의 탐욕과 여배우 '앤'에 대한 애정 때문에 도시에서 헤매다 마천루 꼭대기에서 떨어져 최후를 맞게 된다. '킹콩'은 유난히 특색 있는 캐릭터와 인상적인 결말 때문에 많은 리메이크작과 아류작이 생겼다.

3월 2일, 2009년

조정래 소설 '태백산맥' 200쇄 돌파

2009년 3월 2일, 분단 문학의 대표적 장편 대하소설 '태백산맥'이 200쇄를 돌파하며 판매 부수도 700만 부를 넘어섰다. 여수·순천 사건에서 6·25전쟁이 끝날 때까지의 5년 간 좌우익의 대립과 계층 간 갈등을 형상화한 이 소설은 분단 상황에 놓인 각계각층의 인간 군상을 조명하여 민족의 수난사를 객관적으로 묘사하는 걸작이라 평해진다. 작가 조정래는 이 작품으로 인해 1994년 보수단체들로부터 국가보안법 위반 등으로 고발된 뒤, 11년 만에야 무혐의 결정을 받기도 했다.

3월 3일, 1996년

'연인'의 뒤라스 사망

살아생전 프랑스 작가 중 세계에서 가장 유명한 소설가로 꼽혔던 작가 마르그리트 뒤라스가 1996년 3월 3일 81세의 나이로 사망했다. 자신이 태어났던 베트남을 배경으로 14세 프랑스 소녀와 중국인 부호 아들의 육체적 애정을 다룬 소설 '연인'으로 프랑스 최고 권위의 공쿠르상을 수상했다.

...그는 그녀의 얼굴에 코를 대고 냄새를 맡는다. 그는 어린 소녀의 향기를 들이마신다. 두 눈을 감고 그녀의 숨, 그녀가 내쉬는 따뜻한 숨결을 들이마신다. 그녀의 육체는 점점 경계가 희미해지고, 그는 이제 아무것도 분간할 수 없게 된다. 이 육체는, 다른 몸들과 달리, 무한하다...

3월 3일, 1875년

오페라 '카르멘' 초연되다

1875년 3월 3일, 프랑스 작가 P.메리메의 소설 '카르멘'을 바탕으로 조르주 비제가 작곡한 4막의 오페라 '카르멘'이 파리의 오페라코미크 극장에서 초연됐다. 스페인의 세비야를 무대로 정열의 집시 여인 카르멘과 순진하고 고지식한 돈 호세 하사와의 비극적인 사랑을 그린 작품인데 초연 때 비평가들이 부도덕하고 표면적이라며 비난하여 실패작이라 여겨졌으나 오늘날엔 세계에서 가장 인기 있는 오페라 중의 하나로 손꼽힌다. 한국에서는 1950년 5월에 현제명의 지휘로 초연됐다.

3월 4일, 1975년

루스벨트 제32대 미국 대통령에 취임

1933년 3월 4일, 미국 대통령 직에 무려 3번이나 당선되어 12년간 백악관을 차지했던 프랭클린 루스벨트가 압도적인 표 차로 또다시 대통령에 취임했다. 그는 뉴딜 정책으로 대공황을 극복했고 제2차 세계 대전 때 연합군에 합류하여 승리를 이끌었다. 그는 39세에 소아마비에 걸려 63세로 숨질 때까지 24년간을 휠체어에 의지해 살았지만 불굴의 정신으로 장애를 극복하여 미국인이 가장 존경하는 지도자 중 한 사람이 되었다.

3월 4일, 1975년

찰리 채플린 기사 작위 받음
익살스러운 연기로 인간소외를 풍자한
찰리 채플린이 1975년 3월 4일, 엘리
자베스 영국 여왕으로부터 기사작위를
받았다.

"세상은 내게 최상의 것과 최악의 것을
동시에 선사했다. 지금까지 살아오면서
좋지 않은 일을 많이 겪었지만 나는 행운
과 불운이 떠다니는 구름처럼 종잡을 수 없
는 것이라는 믿음을 갖고 있다. 이런 믿음
때문에 나는 아무리 나쁜 일이 일어나도
별로 놀라지 않았다. 오히려 좋은 일이 일
어나면 놀라면서 한편으로는 기뻐했다."

3월 5일, 1953년

구소련 독재자 스탈린 사망

1953년 3월 5일, 구소련의 지도자 이오시프 스탈린이 뇌출혈로 사망했다. 구두 직공의 아들로 태어나 직업혁명가로 활동하면서 거듭된 체포와 유형에서 풀려나 레닌, 트로츠키와 함께 볼셰비키 혁명을 성공시켰다. '강철사나이'란 뜻의 이름대로 스탈린은 레닌 사망 후 라이벌인 트로츠키를 몰아내고 30년 동안 대숙청을 감행해 약 2000만 명의 사람들을 죽음으로 내몰았다. 그는 철권 독재로 소련을 최강국으로 만들었으나 사후 독재자로 격하됐고 스탈린 체제는 손쉽게 무너져 버렸다.

3월 5일, 1963년

훌라후프 상표권 등록하다

1963년 3월 5일, 미국의 아서 멜린
이 훌라후프의 상표권을 등록했다.
훌라후프의 훌라는 하와이의 훌라춤
을, 후프는 고리를 의미한다. 미국인
리처드 너와 아서 멜린은 호주에서
운동 기구로 쓰이던 대나무 고리를 본
떠 1958년 플라스틱 고리를 만들었고 훌
라후프라 이름지었다. 두 사람은 장난
감 회사 '웸오'를 설립하고 훌라후프
1개당 1.98달러의 값을 매겨 미국
시장에 내놓은지 1년 만에 1억개를
팔았다. 엄청난 인기때문에 훌라후
프 운송 차량이 털리기도 했는데 소
련에서는 '미국문화의 공허함을 상징'
한다는 이유로 판매가 금지되었고,
일본에서는 엉덩이를 흔들며 돌리는
모습이 볼썽사납다 해서 공공 장소에서
는 돌리지 못했다.

3월 6일, 1986년

미국화가 오키프 사망

꽃과 사막의 화가 조지아 오키프가 1986년 3월 6일 99세의 나이로 세상을 떠났다. 남성화가 위주의 20세기 초 미국 미술계에서, 꽃그림을 그리던 시골의 미술교사 오키프는 뉴욕의 저명한 사진가이자 화상인 앨프리드 스티글리츠에게 발탁돼 유명해지기 시작했다. 스티글리츠와 연인관계로 발전하면서 오키프는 추문과 명성을 함께 얻었으나 뉴멕시코 산타페의 자연을 탐미적으로 화폭에 담아내 세계적인 화가의 자리에 올랐고 청교도적 자연의 삶을 살면서 수많은 작품을 남겼다.

3월 6일, 1475년

거장 미켈란젤로 태어나다

시스티나 성당의 천장화와 다비드상 조각으로 유명한 예술의 거장 미켈란 젤로 부오나로티가 1475년 3월 6일 이탈리아 카프레세에서 태어났다. 13세에 피렌체의 화가 기를란다요 공 방에서 도제수업을 받았고 메디치 가 문의 정원에 있던 조각 학교에서 공부 했다. 레오나르도 다빈치·라파엘로 산 치오와 함께 르네상스 최대의 예술가 로 꼽히는 미켈란젤로는 조각가·화가· 시인이자 건축가로서 89세의 나이에 세상을 뜰 때까지 손에서 끌과 망치를 놓지 않았다.

3월 6일, 1973년

미국 소설가 펄 벅 사망

소설 '대지'의 작가 펄 벅이 1973년 3월 6일 세상을 떠났다. 선교사 부모를 따라 중국의 상하이에서 학교를 다녀 난징에서 대학 교수가 됐다. 39세에 발표한 '대지'로 명성을 얻고 4년 만에 3부작으로 완성해 미국 여류 작가로서는 처음으로 노벨 문학상을 수상했다. 제2차 세계대전과 6·25전쟁 후 한국을 비롯한 아시아 국가들의 혼혈아를 위해 거액을 희사하는 등 미국의 양심 역할을 했다. 한국어 이름은 박진주다.

3월 7일, 1989년

청년 시인 기형도 요절

1989년 3월 7일, 시집 출간을 준비 중이던 시인 기형도가 종로의 한 극장 안에서 숨진 채 발견됐다. 사인은 뇌졸중, 만 29세의 젊은 나이였다. 사후에 유고 시집 '입 속의 검은 잎'이 발간됐다.

빈집

사랑을 잃고 나는 쓰네

잘 있거라, 짧았던 밤들아
창밖을 떠돌던 겨울 안개들아
아무것도 모르던 촛불들아, 잘 있거라
공포를 기다리던 흰 종이들아
망설임을 대신하던 눈물들아
잘 있거라, 더 이상 내 것이 아닌 열망들아

장님처럼 나 이제 더듬거리며 문을 잠그네
가엾은 내 사랑 빈 집에 갇혔네

3월 7일, 1999년

영화감독 스탠리 큐브릭 사망

영화 역사상 가장 혁신적인 영상을 만들어낸 거장 중 한 명인 미국의 영화감독 스탠리 큐브릭이 1999년 3월 7일 71세의 나이로, 런던의 자택에서 죽었다. 큐브릭의 영화 세계는 매우 극단적이고 난해하며 기술적 완벽성을 추구했는데 철학적 성찰이 담긴 SF영화로 차세대 영화인들에게 큰 영향을 끼쳤다. 대표적 작품은 '2001년 스페이스 오디세이' '시계태엽 오렌지' '샤이닝' '아이즈 와이드 샷' 등이 있다.

Stanley Kubrick
(1928~1999)

3월 8일, 2003년

시인 조병화 별세

2003년 3월 8일, 삶과 죽음과 고독한 인생을 평이한 시어로 노래한 계관시인 조병화가 별세했다.

소라

바다엔
소라
저만이 외롭답니다

허무한 희망에
몹시도 쓸쓸해지면
소라는 슬며시
물속이 그립답니다

해와 달이 지나갈수록
소라의 꿈도
바닷물에 굳어 간답니다

큰 바다 기슭엔
온종일
소라
저만이 외롭답니다.

3월 9일, 1796년

나폴레옹, 조세핀과 결혼

1796년 3월 9일, 27세의 청년 장교 나폴레옹 보나파르트가 두 딸을 둔 33세의 과부 조세핀과 결혼했다. 파리 사교계의 꽃이었던 조세핀의 후광을 노린 정략결혼이었다는 설도 있지만 결혼 전부터 보낸 수천 통의 연서는 나폴레옹의 열렬한 사랑을 보여준다. 나폴레옹은 황제가 된 후 아이를 낳지 못한다는 이유로 그녀와 이혼했지만 평생 조세핀에 대한 애정은 변함이 없었고 엘바 섬에 유배된 동안 조세핀이 감기에 걸려 사망하자 사흘 동안 식음을 전폐할 정도로 상심했다고 한다.

3월 9일, 1959년

바비 인형 탄생하다

1959년 3월 9일, 세계에서 가장 유명한 패션 인형인 '바비(Barbie)'가 미국 뉴욕의 장난감 박람회에서 소개되었다. 1945년 미국에서 장난감 회사 마텔을 창립한 루스와 엘리엇 부부는 딸 바바라가 종이로 숙녀 모습을 만들어 노는 것을 보고 바비 인형을 고안했으나 당시 업계 사람들은 모두 회의적인 반응을 보였다. 인형은 아기 모습이어야 한다는 고정관념을 깬 바비 인형은 29.2cm에 불과한 키지만 지금까지 10억 개가 넘게 팔렸고 지금 이 순간에도 매 초당 3개씩 팔리고 있다.

The Original
Teenage Model

3월 9일, 2002년

중광 스님 입적

'걸레스님' '미치광이 중'을 자처하며
자신의 제사를 지내는 등 파격으로 생을 일
관했던 스님 중광이 2002년 3월 9일 입적했다.
중광은 잇따른 기행으로 승적에서 파문됐지
만 해외에서는 글과 그림으로 높은 예술적
평가를 받았다. 과도한 음주와 흡연으로 건
강을 잃은 그는 '괜히 왔다 간다'는 주제
로 말년에 열중한 달마도 전시회를 끝낸 후
이승을 떠났다.

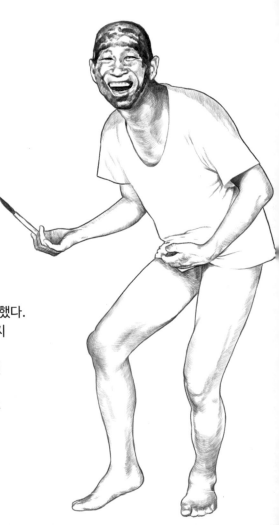

3월 10일, 1945년

도쿄 대공습

제 2차 세계 대전이 막바지로 치닫던 1945년 3월 10일 새벽, 미군은 344기의 B-29슈퍼포트리스 폭격기를 이용해 약 100만 발에 달하는 대량의 소이탄을 도쿄 상공에서 투하했다. 3시간이 채 안 되는 이 공습으로 도쿄는 불바다가 되었고 약 15만 명이 목숨을 잃었으며 이 사상자 중에는 다수의 재일동포가 포함되어 있었다.

3월 10일, 1876년

벨, 최초의 전화통화 성공

1876년 3월 10일, 알렉산더 그레이엄 벨이 실험 중이던 전화기에 대고 다급하게 말했다. "왓슨군, 이리로 와주게. 자네가 필요해!" 세계 최초의 전화통화 실험을 준비하던 벨이 배터리용 황산 용액을 옷에 쏟는 바람에 엉겁결에 준비했던 통화의 내용이 아닌 엉뚱한 말을 외쳤던 것이다. 왓슨은 벨의 조수로 이날의 실험통화를 위해 2층 실험실에 대기 중인 상태였다. 그러나 벨은 이 전화기의 발명이 같은 날 특허청을 찾았던 라이벌 엘리샤 그레이의 발명을 도용한 것이라는 오랜 소송에 시달렸으며 아직도 진실은 명확히 드러나지 않고 있다.

3월 11일, 2010년

법정스님 열반에 들다
2010년 3월 11일, '무소유'의 승려 법정스님이 성북동 길상사에서 지병인 폐암으로 세수 79세, 법랍 56세로 입적했다.

빈 마음, 그것을 무심이라고 한다.
빈 마음이 곧 우리들의 본마음이다.
무언가 채워져 있으면 본마음이 아니다.
텅 비우고 있어야 거기 울림이 있다.
울림이 있어야 삶이 신선하고 활기 있는
것이다.

3월 11일, 1818년

소설 '프랑켄슈타인' 탄생

1818년 3월 11일, 대단히 자극적인 괴물이 탄생했다. 영국의 여류작가 M.W. 셸리가 괴기소설 '프랑켄슈타인'을 내놓은 것이다. 제네바의 물리학자 프랑켄슈타인 박사가 죽은 사람의 뼈로 2.44m의 인조인간을 만들어 생명을 불어넣는다. 이 괴물은 초인적인 힘을 발휘, 추악한 자신을 만든 창조주에 대한 증오심으로 박사의 동생과 신부를 살해하고 자신과 함께 살 여자를 만들라고 강요하는데……. 현대과학에 대한 피해의식과 미래에 대한 불안감을 그린 이 소설은 1931년 유니버설영화사에서 영화화하여 크게 히트한 이래 연작물로 제작되었고 괴물 역의 배우 보리스 카를로프를 유명하게 만들었다.

간디, 소금 행진을 시작하다

1930년 3월 12일 영국의 소금세 신설에 항의해 인도인 간디가 390km 떨어진 단디 해안을 향해 위대한 걸음을 내딛었다. 인도인의 소금 생산을 금지하고 영국산 소금 40kg당 1루피씩 세금을 부과하자 직접 소금을 만들기 위해 전통 염전을 향해 떠난 것이다. 24일 만인 4월 6일 새벽에 단디 해안에 도착한 간디는 주전자에 바닷물을 담아 끓여 한 줌의 소금을 얻었고 이 비폭력 무저항의 힘을 본받은 인도인의 마음은 하나로 뭉쳐져 인도 독립의 씨앗이 되었다.

3월 12일, 1890년

발레리노 니진스키 출생

'춤의 신'으로 불릴 만큼 유명했던 러시아의
무용가 이자 안무가인 바슬라프 니진스키가
1890년 3월 12일 태어났다. 17세에 상트페
테르부르크의 황실발레학교를 졸업한 뒤 곧
능력을 인정받은 그는 세르게이 디아겔레프
의 러시아 발레단에 들어가 파리에서 첫 공연
을 가진 후 전설적인 도약과 뛰어난 연기로 세
계 최고의 남성무용가라는 평가를 받았다. 그
러나 그는 정신분열증으로 불과 29세라는 젊
은 나이에 무용계에서 은퇴하고 말았다.

3월 13일, 1906년

미국 여성 참정권 이끈
수전 앤서니 사망

1906년 3월 13일 미국의 사회개혁가
수전 앤서니가 86세를 일기로 사망했
다. 매사추세츠의 개방적인 퀘이커교
도 집안에서 태어나 일찌감치 민권운
동에 눈을 뜬 그녀는 미국여성애국동
맹을 공동 설립해 노예제 폐지와 여성
참정권 운동을 이끌었다. 제18대 미국
대통령 선거일에 여성으로서 불법인 투
표를 강행, 격분한 한 남성의 고발로 기소
돼 100달러의 벌금형을 선고받았으나 이를
거부한 그녀는 각 도시를 돌며 "여성도 사람
입니까?"라는 명연설로 큰 호응을 이끌어
냈다. 이러한 그녀의 노력은 사망 후 14년
이 지난 1920년에야 결실을 맺어 여성
참정권을 인정하는 수정헌법 19조가
통과됐다.

3월 13일, 1986년

최은희-신상옥 부부 북한 탈출

1986년 3월 13일, 영화감독 신상옥씨와 배우 최은희씨 부부가 북한에 납치된 지 8년 만에 탈출했다. 78년 북한공작원에 의해 홍콩에서 차례로 납북됐던 부부는 영화광으로 알려진 김정일의 지시로 최고의 영화인으로 대우받으며 영화를 제작했다. 베를린영화제에 참석했던 최씨부부는 오스트리아 빈에서 북한공작원의 감시를 따돌리고 미국대사관으로 피해 서방으로 극적인 탈출에 성공한 것이다.

3월 14일, 1939년

스타인벡 '분노의 포도' 출간

1939년 3월 14일, 자연재해와 농업기계화로 농토를 잃은 농민들의 이주와 분노를 그린 존 스타인벡의 소설 '분노의 포도' 가 출간됐다. 구약성서 중 '출애굽기' 의 구성을 따온 이 로드소설은 사회주의적 시각을 드러내며 노동자와 농민의 처절하지만 힘찬 결말로 강렬한 엔딩을 보여주었다. 이 걸작은 자본주의 사회의 결함과 모순을 고발해 미국 기득권자들이 금서로 지정했지만 출간되자마자 커다란 반향을 일으키며 베스트셀러가 됐고 40년 풀리처상을 수상했다.

3월 15일, 221년

유비, 촉한의 황제에 즉위

221년 3월 15일, 짚신과 돗자리를 팔아 근근이 생계를 잇던 유비 현덕이 중국 삼국시대 촉한의 초대 황제의 자리에 올랐다. 전한 경황제의 아들인 중산정 왕 유승의 후손을 자처한 유비는 삼국 지의 숱한 군웅들과 달리 어려운 환경 에서 자랐으나 관우, 장비와 결의형제 하고 삼고초려로 제갈량을 얻어 당대 중원의 패자였던 위황제 조조와 끝까 지 맞서 제국 촉한을 건국한 것이다.

3월 15일, 기원전 44년

율리우스 카이사르 암살당하다

기원전 44년 3월 15일, 원로원 회의에 참석하러
가던 로마 공화정 독재관 율리우스 카이사르가
롱기누스와 부르투스를 비롯한 60명의 귀족들
에게 둘러싸여 살해당했다. 이때 나이 쉰여섯.
갈리아를 정벌하여 군을 장악하고 민심을 얻어
인기가 치솟은 카이사르가 공화정을 타도하고
독재자가 되리라고 우려한 공화주의자들의 음
모가 성공했던 것이다. 그러나 카이사르는 암살
당하기 전에 유언장에 이미 양자 옥타비아누스
를 후계자로 정해놓았으며 이 양자는 후에 로마
초대 황제 아우구스투스가 된다.

3월 16일, 1926년

고다드, 세계 최초 3단식 로켓 발사

1926년 3월 16일, 미국 로켓의 선구자 로버트 고다드 교수가
세계 최초로 액체 연료를 사용하는 현대적 개념의 로켓을 쏘아
올렸다. 3m 길이에 3단식으로 제작된 로켓은 비행시간 2.5초,
비행거리 56m, 최고시속 90km를 기록했다. 고다드는 1935
년까지 로켓의 속도를 시속 880km로 비행할 수 있을 정도로
발전시켰으나 생전에 제대로 업적을 인정받지 못하다가 사후
에야 '로켓의 아버지'로 불리게 됐다.

3월 16일, 1971년

사이먼&가펑클 그래미상 5관왕

1971년 3월 16일, '험한 세상에 다리 되어'라는 곡으로 빌보드 차트 10주 연속 1위를 차지한 남성 듀오 사이먼&가펑클이 최고의 앨범상 등 그래미 5개 부문을 휩쓸었다. 1941년 동갑내기인 폴 사이먼과 아트 가펑클은 같은 고교 출신으로 듀오를 결성했으나 별 주목을 끌지 못하던 중 1967년 개봉한 영화 '졸업'에서 '사운드 오브 사일런스' '미시즈 로빈슨' 등 곳곳에 이들의 노래가 삽입되어 폭발적인 인기를 끌게 됐다. 1981년 이들의 뉴욕 센트럴파크 공연에서는 50만 명이 모여 두 사람의 노래에 귀를 기울였다.

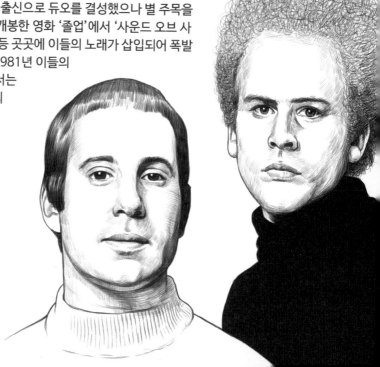

3월 17일, 180년

'명상록'의 황제 마르쿠스 아우렐리우스 사망

180년 3월 17일 로마제국의 제16대 황제이며 5현제의 마지막 황제 마르쿠스 아우렐리우스가 59세의 나이로 사망했다. 어릴 적부터 스토아 철학에 심취했던 마르쿠스는 황제의 양자로 입양돼 황제의 자리까지 오르지만 게르만 족의 침입으로 어려운 시기에 로마를 지키기 위해 생애를 바쳤다. 도나우 강변의 진중에서 집필한 '명상록'은 태어나고 죽는 자연의 법칙을 신의 섭리라 믿고 주어진 운명을 감수하며 죽음을 의연히 맞을 것을 기술하고 있다.

3월 17일, 1969년

'별이 빛나는 밤에' 탄생

1969년 3월 17일, MBC 표준FM의 라디오 프로그램 '별이 빛나는 밤에', 줄여서 '별밤'이 시작됐다. 원래는 명사들과의 대담 프로그램으로 시작했으나, 음악 감상실의 인기DJ 이종환이 진행을 맡은 후로 심야 음악 프로그램으로 40년이 넘게 방송되고 있다. 거쳐 간 진행자로는 차인태, 박원웅, 조영남, 고영수, 이필원, 김기덕, 이수만, 서세원, 이문세, 이휘재, 옥주현, 박정아 등이 있는데 이들 중 가수 이문세는 1985년부터 1996년까지 진행을 맡아, 밤의 교육부 장관이라 불릴 정도로 큰 영향력을 행사했다.

3월 18일, 1961년

소련 레오노프 우주 유영

1961년 소련 공군의 유리 가가린이 우주선을 타고 최초로 대기권 밖에서 지구를 보며 감탄한지 4년 후인 1965년 3월 18일, 소련의 우주 비행사 알렉세이 레오노프가 궤도비행 중이던 우주선을 떠나 우주공간에서 12분간 유영해 세계 최초의 우주 유영 인물이 됐다. 그는 4.6m 길이의 밧줄로 자신을 우주선에 연결했으며 강력한 태양열로부터 보호받기 위해 특수 장비의 우주복을 입고 있었다. 레오노프는 이 12분간의 우주 유영을 위해 18개월간의 혹독한 무중력 훈련을 받았었다. 한편 미국은 가가린과 레오노프의 성공때문에 1969년 아폴로 11호가 달 착륙에 성공할 때까지 열등감에 시달릴 수밖에 없었다.

3월 18일, 37년

로마의 폭군 칼리굴라 즉위

기원후 37년 3월 18일 로마의 제3대 황제 칼리굴라가 25세의 나이에 즉위했다. 즉위 초기 시민들에게 식량을 배포하는 등 선정을 베풀었던 그는 즉위한 지 7개월 되던 때 지독한 열병을 앓은 후 후유증으로 정신적 강박관념에 시달렸다. 이후 패악, 패륜의 행위에 몰두해 무고한 사람들을 짐승 밥으로 내던지고 근친상간을 일삼았고, 스스로 신을 자처하며 국고를 거덜 냈다. 결국 재위 4년을 채 못 채우고 근위대장에 의해 살해됐다.

3월 19일, 1882년

가우디, 사그라다 건설 시작

1882년 3월 19일, 스페인의 천재 건축가
안토니오 가우디가 바르셀로나에서 사
그라다 파밀리아 라는 이름의 성당 공사
를 시작했다. 그는 40년 이상 이 성당의
건설을 책임졌으며, 죽기 전 15년 내내
이 일에만 전념했다. 그러나 안타깝게도
1926년 가우디는 트럭에 치어 죽었고
착공 후 130년이 넘은 지금까지도
사그라다 성당은 여전히 미완성인
상태다. 완공 예정은 2026년이다.

3월 19일, 2008년

SF작가 아서 클라크 사망

2008년 3월 19일, H.G.웰스 이후 영국이 낳은 가장 뛰어난 SF(과학소설)작가로 평가되는 아서 C. 클라크가 심부전으로 자택에서 사망했다. 향년 90세. 아이작 아시모프, 로버트 하인라인과 함께 영미 SF문학계의 3대 거장으로 꼽히는 그는 평생 100편이 넘는 작품을 발표했다. 그의 소설에는 과학기술의 미래에 대한 낙천적인 태도와 인류가 지닌 지성의 진화에 대한 확고한 신념이 녹아있다. 대표작은 '스페이스 오디세이' '유년기의 끝' '라마와의 랑데부'등.

3월 20일, 1956년

시인 박인환 사망

훤칠한 키와 수려한 용모로 '명동의 백작'이라 불리던 시인 박인환이 1956년 3월 20일, 30세의 나이에 심장마비로 요절했다. 시인 이상을 기리며 사흘간 쉬지 않고 마신 술 때문이었다. 문우들은 그의 무덤에 시인이 평소 좋아하던 술 조니워커와 카멜 담배를 함께 묻었다.

세월이 가면

지금 그 사람 이름은 잊었지만
그 눈동자 입술은
내 가슴에 있네

바람이 불고
비가 올 때도
나는 저 유리창 밖
가로등 그늘의 밤을 잊지 못하지

.........(후략)

3월 20일, 1995년

아사하라 쇼코, 도쿄 독가스 테러

1995년 3월 20일, 출근 시간의 도쿄 18개 지하철역 구내에서 인체에 치명적인 사린 독가스가 살포돼 12명이 숨지고 5500여 명이 중독현상으로 쓰러졌다. 사린은 제2차 세계대전 당시 나치 독일이 개발한 무색무취의 신경가스로 사상 최강의 독가스로 불린다. 사건은 종말론을 주장해온 신흥 종교단체인 옴 진리교 신도들의 소행으로 밝혀져 교주 아사하라 쇼코를 비롯한 핵심 주모자 13명은 사형이 확정됐고 5명은 무기징역형을 받았다.

3월 21일, 1994년

스필버그 감독 아카데미상 첫 수상

1994년 3월 21일 열린 제66회 아카데미 시상식에서
스티븐 스필버그 감독이 영화 '쉰들러 리스트'로
최우수 작품상과 감독상 등 7개 부문을 휩쓸었다.
스필버그로서는 처음 수상이다. 75년 '블록버스터'
란 단어를 탄생시킨 영화 '조스' 이후 'ET' '컬
러 퍼플' '쥬라기 공원' 등 숱한 화제작을 연출한
그였으나 SF나 판타지 등 어린이용 영화를 만드는
감독이라는 시각에 묶여 있다가, 나치 독일 치하의
아우슈비츠 수용소에서 유대인 1100여 명을 구해낸
기업인 오스카 쉰들러의 실화를 바탕으로 한 '쉰들
러 리스트'로 비로소 오스카상과 인연을 맺은 것이다.

3월 21일, 1685년

작곡가 바흐 출생

1685년 3월 21일 프리드리히 헨델과 함께 바로크 시대를 대표하는 독일 작곡가 요한 세바스찬 바흐가 태어났다. 50명 이상의 음악가를 낳은 명문 음악가 집안 출신의 바흐는 자신의 독실한 프로테스탄트 신앙을 음악으로 표현하는 데 생애를 바쳤다. 18세 때부터 오르가니스트로 명성을 떨친 그는 200여 곡의 성가곡을 비롯한 종교 음악과 수많은 기악곡을 남겨 '음악의 아버지'로 일컬어진다.

3월 22일, 1832년

천재 괴테 세상을 뜨다

1832년 3월 22일, 인간의 한계를 넘어 신의 예지에 가까이 갔다는 초인 괴테가 바이마르에서 숨져 살아생전 절친한 우정을 나눴던 실러 옆에 묻혔다. 문학사에 길이 남을 시인이었음은 물론이고 화가에다 모차르트의 오페라를 280번이나 공연한 무대 연출가였으며 바이마르 총리까지 역임한 정치가였다. 그는 뭇 여성들과의 사랑과 이별을 문학으로 승화시킨 영원한 낭만주의자였다. 30여 년간 함께 살았던 부인이 숨지고 나자 괴테는 71세의 나이로 16세의 울리케 폰 레베초를 만나 마지막 사랑을 불태우며 <마리엔바트 비가>를 남겼다.

3월 22일, 2009년

화가 김점선 별세

암 투병 중에도 그림과 저술 활동에 더욱
몰입했던 화가 김점선이 2009년 3월 22일
별세했다. 화가는 꽃, 오리, 말 등을 소재
로 단순하고 우화적인 작품을 창작했는데
극도의 빈곤 속에서도 개인전만 60차례 열
정도로 열정적 예술 활동을 펼쳤다. 그는
그림뿐만 아니라 에세이와 동화의 작가로
도 활동했고 방송진행자로서 각계 문화인
들과 교류를 활발히 나누었다. 87년과 88
년 평론가협회가 선정한 '올해의 최우수
예술가'에 올랐다.

3월 23일, 1992년

'서태지와 아이들 1집' 발표

1992년 3월 23일, 댄스 그룹 '서태지와 아이들'의 첫 음반이 발매됐다. 한국 대중음악의 산업적, 음악적 전환점이라 평가되는 앨범의 등장이었다. 대표곡 '난 알아요'는 당시 가요 순위 프로그램에서 17주 연속 1위를 차지했고 앨범 수록곡 전체가 50위 안에 포함되는 진기록을 세웠다. 빠른 음악, 격렬하면서도 유연한 춤동작, 의미불명의 가사에 젊은 세대들은 열광했고 무대의상까지 '서태지 패션'으로 유행되며 서태지와 아이들은 스타 산업의 선두 주자로 떠올랐다. 1997년 '20세기 한국의 역대 최고 히트상품'을 발표한 삼성경제연구소는 서태지와 아이들의 음반을 1위에 올렸다.

3월 23일, 1842년

프랑스 작가 스탕달 사망

"썼노라, 사랑했노라, 살았노라" 발자크와 함께 19세기 프랑스 소설의 2대 거장으로 평가되는 소설가 스탕달이 1842년 3월 23일 사망했다. 17세에 나폴레옹 원정군을 따라 알프스를 넘었던 그는 나폴레옹의 몰락을 계기로 동경하던 이탈리아로 건너가 밀라노에서 머물며 글을 발표했다. 비천한 출신이지만 야망에 불타는 청년 줄리앙 소렐을 주인공으로 사랑과 권력의 위험한 줄타기를 그린 걸작 '적과 흑', 그리고 전제정치를 분석한 정치소설 '파르마의 수도원'이 대표작이다.

3월 24일, 1978년

시인 박목월 타계

1978년 3월 24일, 한국인의 서정과 향토성 짙은 자연을
노래한 청록파 시인 박목월이 세상을 떠났다. 향년 62세.

나그네

강나루 건너서
밀밭 길을

구름에 달 가듯이
가는 나그네

길은 외줄기
남도 삼백리

술 익는 마을마다
타는 저녁놀

구름에 달 가듯이
가는 나그네

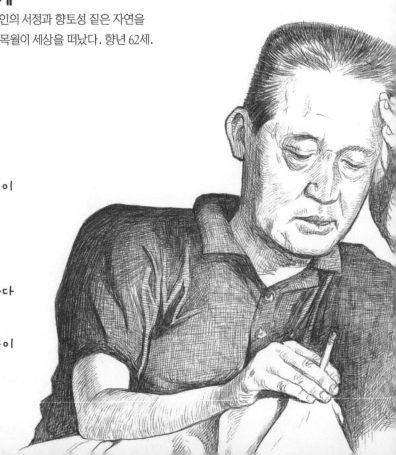

3월 24일, 1882년

세균학자 코흐, 결핵균 발견

1882년 3월 24일 독일의 세균학자 로베르트 코흐가 베를린의 생리학회에서 결핵균의 분리·배양에 성공했다고 발표했다. 그는 콜레라균과 탄저병균 등도 발견해 각종 전염병에는 각기 특정한 병원균이 있으며 그 형태를 서로 식별할 수 있다고 주장했다. 코흐는 아프리카 재귀열과 체체파리로 매개되는 수면병을 연구하고 이의 치료법도 밝혀 미생물학의 발달에 크게 기여했다. 1905년 결핵에 관한 연구로 노벨생리·의학상을 수상했다.

3월 25일, 1985년

영화 '아마데우스' 아카데미상 수상

1985년 3월 25일, 십년 전인 1975년에 '뻐꾸기 둥지 위로 날아간 새'로 이미 아카데미 작품상을 수상한 바 있는 체코 태생의 밀로스 포먼 감독의 영화 '아마데우스'가 아카데미 작품상을 비롯 8개 부문을 석권했다. 평범한 재능의 작곡가 살리에리가 방탕한 천재 모차르트에 대한 질투와 증오로 그를 죽음으로 내모는 과정을 그린 이 영화의 원작자는 심리극 '에쿠우스'로 유명한 피터 쉐퍼다. 살리에리 역으로 주연상을 거머쥔 배우는 F. 머레이 에이브러햄, 모차르트는 톰 헐스가 맡았다.

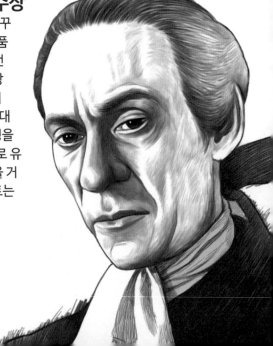

3월 25일, 1867년

지휘자 토스카니니 출생

타협을 모르는 완벽주의자 아르투로 토스카니니가 1867년 3월 25일 이탈리아 파르마에서 태어났다. 파르마 음악원에서 첼로와 작곡을 공부한 그는 19세에 첼로 연주자로 참가한 오페라 '아이다'에서 대리로 지휘해 대성공을 거두며 데뷔했다. 그후 이탈리아 각지에서 오페라를 지휘하며 명성을 떨친 토스카니니는 원보에 충실한 엄격한 지휘로 청중을 압도하는 강렬한 지휘를 하며 뉴욕 필하모니와 NBC 방송국 관현악단을 정력적으로 이끌어 20세기 전반을 대표하는 지휘자로 높이 평가된다.

3월 26일, 1827년

작곡가 베토벤 사망

1827년 3월 26일, 귀가 완전히 멀어버린 '음악의 성인' 루트비히 판 베토벤이 오스트리아 빈에서 세상을 떠났다. 궁정음악가인 아버지의 야심에 따라 제2의 모차르트로 키워진 그는 청소년기에 모차르트와 하이든을 만나 음악적 인정을 받았고 피아노 소나타와 현악4중주곡 등으로 빠르게 명성을 얻었다. 그러나 20대 중반이후 청력을 잃어가던 그는 기적적인 집중력으로 '영웅' '운명' '전원'등 주옥같은 교향곡들을 작곡했지만 기악과 성악을 결합한 교향곡의 정점 '합창교향곡'을 끝으로 57년의 생을 마감했다.

안중근 의사 순국   3월 26일, 1910년

1910년 3월 26일, 독립운동가 안중근 의사가 하얼빈의 뤼순 감옥에서 순국했다. 동지 11명과 함께 죽음을 각오하고 구국투쟁을 벌일 것을 손가락을 끊어 맹세한 안중근은 1909년 10월 26일, 일본인으로 가장해 하얼빈역에 잠입하여 역전에서 러시아군의 군례를 받던 이토 히로부미를 사살했다. 현장에서 러시아 경찰에게 체포된 그는 곧 일본 관헌에게 넘겨져 뤼순의 일본 감옥에 수감됐고 이듬해 재판에서 사형이 선고됐다. "대한독립의 소리가 천국에서 들려오면 나는 춤추며 노래를 부를 것이다"라는 유언을 남겼다. 1879년 황해도 해주 생으로, 본관은 순흥이며 아명은 안응칠이다.

3월 26일, 1983년

장정구 세계챔피언 등극

1983년 3월 26일, '짱구'가 별명인 장정구가 파나마의 사파타를 3회 KO로 물리치고 WBC 라이트 플라이급 챔피언에 올랐다. 이후 15차례나 방어전을 마치고 챔피언 타이틀을 반납할 때까지 5년 7개월의 최장수 챔프 기록을 달성한 그는 80년대 세계 최우수 복서 10인, 20세기 위대한 복서 25인 중 한 명으로 선정되는 영광을 누렸다.

3월 27일, 1947년

락희화학공업 설립

1947년 3월 27일 연암 구인회 회장이 LG그룹
의 효시인 락희화학공업을 부산에서 설립하고
럭키크림을 개발·생산하기 시작했다.

"보래이. 가령 백 개 가운데 한 개
만 불량품이 섞여있다면 다른 아
흔 아홉 개도 모두 불량품이나
마찬가진기라. 아무거나 많이
팔면 장땡이 아니라 한 통을
팔더라도 좋은 물건 팔아서
신용 쌓는 일이 더 중요하
다는 것을 느그들은
와 모르나."

3월 27일, 1932년

'유인원 타잔' 개봉

올림픽 수영 금메달리스트 출신의 배우 자니 와이즈뮬러가 6대 타잔으로 출연한 영화 '유인원 타잔(Tarzan the Ape Man)'이 1932년 3월 27일 뉴욕에서 개봉됐다. 와이즈뮬러는 자유형의 세계기록을 67번이나 갱신하고, 올림픽에도 2회 출전해 5개의 금메달을 딴 최고의 수영선수인데 이 영화를 시작으로 총 12편의 타잔 영화에 출연해 스타덤에 올랐다. '타잔'은 원숭이들 언어로 '하얀 피부'를 뜻한다고 한다.

3월 28일, 1985년

화가 샤갈 영면하다

1985년 3월 28일, 러시아 유대인 출신의 프랑스 화가 마르크 샤갈이 98세로 화려했던 생을 접었다. 23세에 파리에 유학 온 샤갈은 입체파와 야수파의 영향을 받아 환상적이고 화려한 색채로 동물과 연인을 그렸다. 소박한 동화의 세계나 고향의 생활, 하늘을 나는 연인을 몽환적이고 신비하게 풀어놓은 그림은 다른 어떤 화가에게서도 볼 수 없는 샤갈만의 세계다. 그는 유화뿐만 아니라 판화·벽화·스테인드글라스 등 다양한 작업으로 20세기 최고 화가 중 한사람으로 손꼽힌다.

3월 28일, 1868년

러시아 소설가 고리키 태어남

1868년 3월 28일 러시아 사회주의 리얼리즘을 창시한 소설가 막심 고리키가 볼가강 연안의 니즈니 노브고로드에서 태어났다. 그는 24세에 '쓰라림'이라는 뜻의 필명 고리키로 처음 소설을 발표했다. 고리키는 러시아 혁명에 적극 가담해 체포됐으나 국내외의 거센 항의로 석방됐다. 이탈리아 카프리 섬에 체재할 때 발표한 '어머니'는 사회주의 리얼리즘의 원형으로 고리키를 러시아 문학계에서 최고의 지위에 올려놓았다.

3월 29일, 1988년

미국 맥도날드, 한국 진출

1988년 3월 29일, 서울 압구정동에 맥도날드 1호점이 문을 열었다. 그해 19억 원에 불과하던 매출은 2000년에 2300억 원으로 늘어났다. 십 수 년 만에 그 까다롭다는 한국인의 입맛을 점령한 것이다. 그들의 성공비결은 세계 어느 곳에서나 맛이 똑같다는 것인데 메뉴의 단순화와 공정의 표준화로 인해 가능한 일이었다. 그러나 맥도날드로 대표되는 패스트푸드가 영양학적으로 문제가 있다는 시비는 여전히 계속되고 있다.

3월 29일, 1974년

진시황릉 발견

1974년 3월 29일, 중국 서안 외곽의 시골 마을에서 우물을 파려던 농부가 흙으로 빚어진 인형을 발견해 신고했다. 발굴된 6000여 명의 흙인형 '병마용'은 바로 진시황릉을 지키던 병사였다. 중원 천하를 통일, 진나라를 세운 시황제는 370만 명의 인력을 동원해 장장 37년의 강제 노역 끝에 이 무덤을 완성했다. 병마용은 하나하나가 각각 다른 용모와 자세를 취해 모두 훌륭한 예술품으로 평가되며 황릉은 87년 유네스코 세계문화유산으로 지정되었다.

3월 30일, 1853년

화가 반 고흐 출생

강렬한 색채와 격렬한 붓 터치로 자신만의 화풍을 펼쳤던 화가 빈센트 반 고흐가 1853년 3월 30일 네덜란드 준데르트에서 태어났다. 어린 시절부터 남달리 예민했던 그는 서점 점원과 미술품 판매상을 하다 뒤늦게 화가가 되었는데 파리에 유학하면서 인상파의 영향을 받았다. 동료 화가나 아버지와 불화하여 프랑스 남부 아를로 이주해 많은 작품을 남겼다. 친구 고갱과의 우정이 깨진 후 정신병원을 드나들며 발작을 일으켰고 37세에 끝내 권총으로 스스로 목숨을 끊었다.

vincent van gogh (18세)

3월 30일, 1758년

'지우개 달린 연필' 특허

1758년 3월 30일, 미국의 가난한 화가 지망생 하이만 리프먼이 연필과 지우개를 결합해 특허를
받았다. 건망증 탓에 지우개를 잃어버리곤 하던 리프먼이 연필 뒤에 지우개를 꽂아 쓰는 모습을 본
친구가 권해 발명 특허를 얻어낸 것이다. 연필에 관한 한 독보적인 우위를 점하고 있던 독일의 파버
카스텔사는 이 고무지우개를 외면했고 '지우개 달린 연필'은 유럽에서는 채택되지 않았다. 그러나
미국에서는 이 연필이 날개 돋친 듯 팔려 발명가 하이만과 그의 발명을 사들인 리버칩 연필회사는
엄청난 돈을 벌어들였다.

3월 31일, 1596년

철학자 데카르트 태어남

1596년 3월 31일 근대철학의 아버지로
불리는 프랑스의 철학자이자 수학자인
르네 데카르트가 소도시 라에에서 부유
한 귀족 가문의 아들로 태어났다. 그는
수학자로서 기하학에 대수적 해법을
도입한 해석기하학을 창시했고 철학
에서는 주요저서인 '방법서설'에서
'나는 생각한다, 고로 존재한다'는
이성중심의 합리론으로 중세
신학을 극복해 스피노자와
라이프니츠에 이르는 근대
합리주의를 탄생시켰다.

3월 31일, 1889년

에펠 탑 준공

1889년 3월 31일, 프랑스 파리의 상징인 에펠 탑이 준공됐다. 프랑스 혁명 100주년 기념 만국 박람회의 기념물 설계안 공모에 채택된 에펠의 300m 철 구조물 아이디어는 경이와 회의를 불러일으켰는데 준공 후에도 혐오스런 느낌이라는 비판도 많았지만 120년이 지난 오늘날 까지 파리의 명물로 사랑받고 있다. 에펠 탑은 로마의 성 베드로 대성당의 돔이나 이집트 기자의 피라미드보다 2배나 높아서 1930년 뉴욕의 크라이슬러 빌딩이 완공될 때까지 세계에서 가장 높은 건축물이었다.

1월
January

2월
February

3월
March

4월
April

5월
May

6월
June

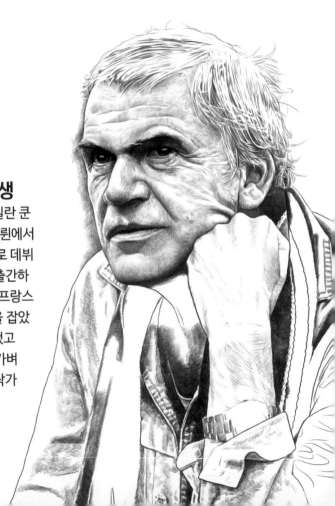

4월 1일, 1929년

소설가 밀란 쿤데라 출생

1929년 4월 1일 체코의 작가 밀란 쿤
데라가 모라비아의 지방도시 브륀에서
태어났다. 그는 18세에 시인으로 데뷔
했고 34세엔 첫 소설 '농담'을 출간하
면서 전 유럽에 이름을 알린다. 프랑스
의 초청으로 렌 대학에서 교편을 잡았
던 쿤데라는 프랑스로 망명을 했고
1984년 '참을 수 없는 존재의 가벼
움'으로 세계적인 베스트셀러 작가
가 됐다.

4월 2일, 2005년

교황 요한 바오로 2세 서거

2005년 4월 2일, 봉직 26년 동안 11억 가톨릭 신도는 물론, 전 인류에게 사랑의 메시지를 전했던 교황 요한 바오로 2세가 신의 품에 영원히 안겼다. 향년 84세. 1920년 폴란드 에서 태어난 그는 한때 재능 있는 배우이기도 했으나 신학에 몰두하여 1978년 58세의 나이에 교황으로 임명됐다. 이탈리아 사람이 아닌 사제가 교황에 임명된 것은 455년 로마 교황청 역사상 처음이었다. 역대 어느 교황보다 활발한 해외 선교활동을 했던 그는 20세기 냉전시대에 세계의 평화와 민주화를 위해 노력하여 '평화의 사도'라는 칭송을 받았다. 임종 직전 교황은 "나는 행복합니다. 그대들도 행복하세요"라는 말 을 전하며 눈을 감았다.

4월 2일, 742년

프랑크왕국 샤를마뉴대제 출생

서유럽을 통일하고 황제에 즉위한 카롤링거 왕조의 군주 샤를마뉴가 742년 4월 2일 태어났다. 독일에서는 카를 대제, 영어식으로 찰스 대제라고도 한다. 그는 평생 전쟁터를 헤치며 서유럽을 정복해 프랑크왕국의 영토를 두 배로 늘렸고 800년에 교황 레오 3세에 의해 서로마황제의 관을 받았다. 47년간의 통치로 유럽 문화를 부흥시키며 카롤링거 르네상스 시대를 이룩해 '유럽의 아버지'로 불린다.

4월 3일, 1991년

소설가 그레이엄 그린 타계

1991년 4월 3일, 항상 쫓기는 자의 불안과 공포를 묘사하여 악의 세계를 보여줌으로써 오히려 신의 사랑을 증명하려 한, 추리 기법의 소설가 그레이엄 그린이 스위스 제네바에서 86세로 사망했다. '권력과 영광' '제3의 사나이' '조용한 미국인' 등 호평 받은 소설 중 많은 작품이 영화로 만들어져 성공을 거두었으나 번번이 노벨문학상 후보에 올랐다 탈락해 '영원한 후보'라는 별명이 붙기도 했다. 그는 스릴러의 대가이면서도 인간 실존과 신의 관계를 깊이 고찰한 신앙인이었다.

4월 3일, 1924년

반항아 말론 브란도 태어남

1924년 4월 3일 미국 네브래스카주 오마하에서 할리우드의 반항아 말론 브란도가 태어났다. 육군사관학교에서 퇴학당한 그는 19세에 연극배우로 데뷔했고 영화 '욕망이라는 이름의 전차'로 유명해졌다. '워터프론트'로 아카데미 남우주연상을 받은 후 20년 가까이 지나 영화 '대부'의 돈 콜레오네 역으로 두 번째 주연상에 지명됐으나 미국의 인디언 차별정책에 항의해 시상식에 불참했다. 이후 '지옥의 묵시록'의 커츠 대령 역 등으로 일관되게 반역자의 이미지를 보여준 브란도는 2004년 80세를 일기로 사망했다.

4월 4일, 1968년

마틴 루터 킹 목사 피살

1968년 4월 4일, 미국 흑인인권운동의 지도자 마틴 루터 킹 목사가 흑인 청소 원 파업 지원차 방문했던 테네시주 멤 피스의 한 모텔에서 갑자기 발사된 총 탄에 저격당했다. 39세의 킹 목사는 한 시간 뒤 절명했다. 극우파 백인인 암살자 제임스 얼 레이는 99년 형을 선고받고 복역하던 중 98년에 죽었다. '나에겐 꿈이 있습니다.'라는 제목의 유명한 연설에서 인종차별의 종식과 정의의 실현을 위한 비폭력운동을 선언했던 킹 목사는 64년 노벨평화상을 수상했다.

4월 5일, 1951년

미국 로젠버그 부부, 간첩죄로 사형선고

1951년 4월 5일, 미국의 핵폭탄 기밀을 소련에 빼돌린 혐의로
줄리어스 로젠버그와 그의 부인 에셀 로젠버그에게 사형이
선고됐다. 로젠버그는 한때 공산주의자였던 전력 탓에
미군 통신대에서 실직한 전기기사였는데 미국 핵무기
개발의 산실인 로스앨러모스에서 일하던 처남 그린
글래스에게서 핵 기밀을 넘겨받아 뉴욕 주재 소련
부영사에게 전달했다는 것이다. 이들 부부는 끝
까지 무죄를 주장했고 증거가 부족한 상태에서
정치적 조작에 의한 희생양이 라는 세계적 여론
에도 불구하고, 한국전쟁으로 공산주의에 치를
떨던 미국 내 분위기 때문에 1953년 6월 두 사람
은 전기의자에서 사형이 집행됐다. 이 사건은 드
레퓌스 사건 이후 서방세계를 가장 들끓게 한 사
건이었지만 아직도 의혹과 논란에 싸여있다.

명우 찰턴 헤스턴 사망

영화 '벤허' '십계'등으로 1950~60년
대 최고 배우로 손꼽혔던 미국의 배우 찰턴
헤스턴이 2008년 4월 5일, 로스앤젤레스의
자택에서 타계했다. 향년 84세. 통신사는
"영화의 전설이 숨졌다."고 보도했다. 그
는 할리우드가 종교적이며 역사적인 과거로
스크린을 채우던 시절의 이상적인 배우로,
성서를 바탕으로 한 스펙터클한 작품과
SF영화의 고전 '혹성탈출'에도 출연했
다. 생애 최고의 출연작 '벤허'는 59년
아카데미에서 남우
주연상을 비롯한
11개 상을 휩쓸
며 명작의 반열
에 올랐다.

222

4월 6일, 1936년

시인 신경림

1936년 4월 6일 태어나다.

罷場(파장)

못난 놈들은 서로 얼굴만 봐도 흥겹다
이발소 앞에 서서 참외를 깎고
목로에 앉아 막걸리를 들이켜면
모두들 한결같이 친구 같은 얼굴들
호남의 가뭄 얘기 조합빚 얘기
약장수 기타소리에 발장단을 치다 보면
왜 이렇게 자꾸만 서울이 그리워지나
어디를 들어가 섰다라도 벌일까
주머니를 털어 색싯집에라도 갈까
학교 마당에들 모여 소주에 오징어를 찢다
어느새 긴 여름해도 저물어
고무신 한 켤레 또는 조기 한 마리 들고
달이 환한 마찻길을 절뚝이는 파장

4월 6일, 1943년

생텍쥐페리의 '어린 왕자' 출간

1943년 4월 6일, 미국 뉴욕에서 앙트완 드
생텍쥐페리의 소설 '어린 왕자'가 출간되었다.
마치 한 편의 동화처럼 소박하고 아름다
운 이 글은 또한 우의적 함축과 예지로
가득 차 있기도 하다. 전 세계 160
여 개국에서 번역돼 1억 부 이상
판매됐고 우리나라를 비롯한 세
계 각 국에서 이 시간에도 계속
번역되어 팔리고 있다.

별들이 아름다운 건
눈에 보이지 않는 꽃 한 송이 때문이고,
사막이 아름다운 건
그곳 어딘가에 우물을 감추고 있기
때문이야.

4월 7일, 1969년

시인 신동엽 사망

시대를 고민하며, 아프게 살았던 시인 신동엽이 1969년 4월 7일 사망했다. 농촌의 서정이 짙게 밴 민요적 분위기로, 민중과 민족의 삶을 노래하여, 시인 김수영과 함께 1960년대 참여문학의 대표주자로 꼽혔다.

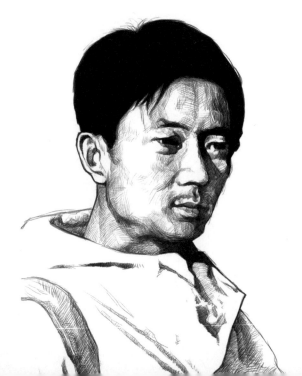

껍데기는 가라.
4월도 알맹이만 남고
껍데기는 가라.

껍데기는 가라.
동학년 곰나루의, 그 아우성만 살고
껍데기는 가라.

그리하여 다시
껍데기는 가라.
이곳에선, 두 가슴과 그 곳까지 내논
아사달 아사녀가
중립의 초례청 앞에 서서
부끄럼 빛내며
맞절할지니

껍데기는 가라.
한라에서 백두까지
향그러운 흙가슴만 남고
그, 모오든 쇠붙이는 가라.

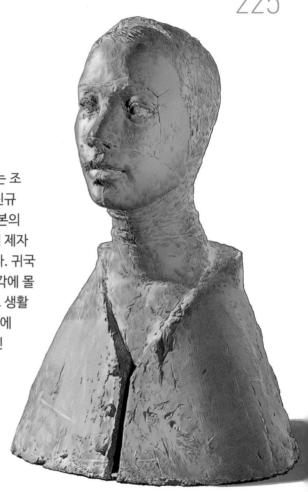

4월 7일, 1922년

조각가 권진규 태어남

1922년 4월 7일 점토를 구워 만드는 조각인 테라코타로 유명한 조각가 권진규가 함경남도 함흥에서 태어났다. 일본의 무사시노 미대에서 앙투안 부르델의 제자인 시미즈 다카시에게 조각을 배웠다. 귀국 후 외부와 격리된 채 영적인 구상조각에 몰두했으나 천재성을 인정받지 못하고 생활고에 시달렸다. 73년 고려대 박물관에 작품을 기증한 후 51세의 나이에 '인생은 공(空), 파멸'이라는 유서를 남기고 스스로 세상을 버렸다.

4월 8일, 1963년

루이 암스트롱 내한공연

1963년 4월 8일 재즈의 선구자 루이 암스트롱이 서울의 워커힐 개관을 기념해 2주간의 내한공연을 시작했다. 악보 없이 즉흥적으로 흥얼거리는 스캣 창법과 즉흥 연주 등을 확립한 그는 60을 넘긴 나이에도 빌보드차트 1위에 오를 정도로 재즈계의 거성이었다. 이 공연에 15세의 소녀가수 윤복희가 게스트로 초대돼 암스트롱의 어깨에 목말을 타고 함께 노래를 불렀고 미국으로 초청을 받는 등 화제가 됐다.

4월 8일, 1973년

거장 피카소 영면하다

1973년 4월 8일, 현대미술의 거장 파블로 피카소가 91세의 나이로 사망했다. 스페인 말라가에서 태어나 일찌감치 천재화가로 이름을 날렸던 청년 피카소는 프랑스의 파리에서 '청색 시대'와 '장밋빛 시대'를 거치며 본격적인 작품 세계를 열어 나갔다. 1907년에 그린 '아비뇽의 아가씨들'로 충격적인 큐비즘의 시대를 열었던 그는 돈과 여자와 명성을 한껏 누리며 살았다. 그는 삶을 긍정했고 한 순간도 쉬지 않고 정력적으로 작업해 고대와 르네상스와 근대의 지평을 함께 그림 속에 담은 위대한 거인이었다.

4월 9일, 1865년

미국 남북전쟁 끝나다

1865년 4월 9일, 미국 남부동 맹 총사령관 로버트 리 장군이 북부군 총사령관 그랜트 장군 에게 항복 문서를 전달한 후 자 신의 말을 타고 떠났다. 드디어 4년간의 남북전쟁이 끝나 북군 의 환호성이 터졌다. 리장군은 비록 패장이었으나 높은 명성 으로 워싱턴대학 총장을 맡아 교육에 헌신했다.

Robert Lee
(1807~1870)

4월 9일, 1973년

여자 탁구, 사상 최초 우승

1973년 4월 9일, 제 32회 세계탁구선수권 대회가 열린 유고슬라비아의 사라예보에서 한국 여자 대표팀은 건국 이후 첫 번째 구기종목 우승을 이룩했다. 19세의 소녀 이에리사와 두 살 위의 정현숙은 나이답지 않은 침착함과 강한 파워 드라이브로 세계 최강 중국을 꺾고 결승전에서 일본을 물리쳐 감격의 코르비용 컵을 안았다. 가난과의 힘겨운 싸움을 벌이던 국민들은 잠시 시름을 잊고, 개선한 대한의 딸들을 열렬히 환영했다.

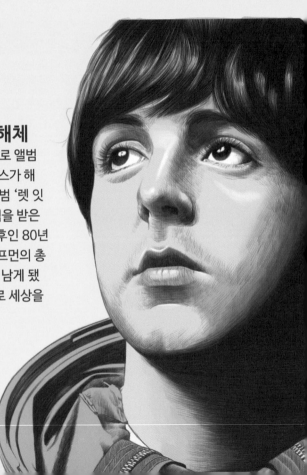

폴 매카트니 탈퇴, 비틀스 해체

1970년 4월 10일, 폴 매카트니가 솔로 앨범 발매와 함께 탈퇴를 선언하면서 비틀스가 해체됐다. 그 후 한 달이 지나 마지막 앨범 '렛 잇 비'가 발매됐는데 그들의 해체에 충격을 받은 팬들 중 6명이 비관 자살했다. 10년 후인 80년 12월 존 레넌이 그의 팬이던 마크 채프먼의 총에 맞아 사망하면서 비틀스는 전설로 남게 됐고 조지 해리슨마저 2001년 폐암으로 세상을 떠났다.

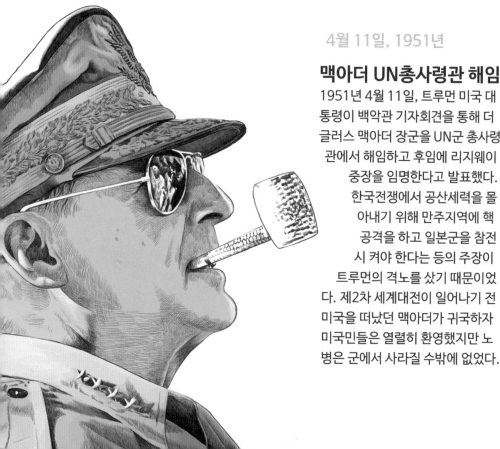

4월 11일, 1951년

맥아더 UN총사령관 해임

1951년 4월 11일, 트루먼 미국 대통령이 백악관 기자회견을 통해 더글러스 맥아더 장군을 UN군 총사령관에서 해임하고 후임에 리지웨이 중장을 임명한다고 발표했다. 한국전쟁에서 공산세력을 몰아내기 위해 만주지역에 핵공격을 하고 일본군을 참전시켜야 한다는 등의 주장이 트루먼의 격노를 샀기 때문이었다. 제2차 세계대전이 일어나기 전 미국을 떠났던 맥아더가 귀국하자 미국민들은 열렬히 환영했지만 노병은 군에서 사라질 수밖에 없었다.

4월 12일, 1961년

유리 가가린, 최초 우주비행 성공

1961년 4월 12일, 소련의 우주비행사 유리 가가린이 인류최초의 우주여행을 성공하고 지구로 돌아왔다. 가가린은 4.75톤 무게의 소련 우주선 보스토크 1호를 타고 지구를 한 바퀴 돌고, 1시간 48분 동안 우주에 머물다 낙하산으로 귀환했는데 소련은 미.소 간 우주 탐사 대결에서 스푸트니크 인공위성의 성공에 이은 또 다른 승리라고 의기양양 환호했다. 가가린은 중위에서 소령으로 두 단계나 건너뛰었고, 레닌 훈장까지 받아 소련의 영웅으로 떠올랐는데 그가 어린시절을 보냈던 그자츠크는 이름을 아예 가가린으로 바꾸었다.

지구는 푸른 빛이었다!

4월 12일, 2003년

마이클 조던 등번호 영구결번

2003년 4월 12일, 미국프로농구(NBA)
구단 마이애미가 불세출의 농구스타 마이
클 조던의 등번호 23번에 대해 영구결번을 결
정했다. 조던은 이미 1994년 친정팀이라 할 시카
고 불스에서 23번을 영구결번으로 지정받은 바 있다.
"신이 조던으로 가장하고 나타났다"라는 말을 들
을 만큼 타의 추종을 불허했던 '농구 황제' 마이
클 조던은 은퇴와 복귀, 그리고 정상 재탈환
이라는 극적인 위업으로 NBA와 스포츠
용품업체 나이키를 전 세계적인
아이콘으로 만들었다.

4월 13일, 1997년

타이거 우즈, 마스터스 골프대회 최연소 우승

1997년 4월 13, 미국의 골프천재 타이거 우즈가 마스터스 골프대회에서 우승했다. 세계 메이저 골프대회에서의 첫 승이었다. 18언더파라는 엄청난 스코어에 2위와 12타 차의 압도적인 차이로 세계 골프역사에 새 장을 열어젖힌 것이다. 사상최초의 흑인챔피언, 사상 최고스코어, 사상 최연소 챔피언(21세), 사상 최다 점수차 우승, 사상 최장타… 아버지의 엄격한 지도로 일찌감치 '골프 신동'으로 불렸던 우즈는 3살 때 TV쇼에서 정규코스 9홀을 48타로 끝내 시청자들을 기절초풍하게 했다. 2009년 11월 성추문에 휘말려 무기한 골프 중단을 선언했다가 반년이 채 지나지 않아 PGA마스터스 대회를 통해 본격적인 복귀를 선언했다.

4월 13일, 1743년

미국 제3대 대통령 제퍼슨 출생

미국 독립 선언서를 기초자인 대통령 토머스 제퍼슨이 1743년 4월 13일 태어났다. 유럽의 계몽사상을 자신의 평생 정치 철학으로 삼은 그는 폭넓은 지식과 교양, 재능으로 벤저민 프랭클린과 더불어 18세기 미국 최대의 르네상스 맨으로 평가된다. 그는 현재까지도 역대 미국 대통령 중 가장 훌륭한 대통령 중 하나로 인정받지만, '사람 밑에 사람 없고 사람 위에 사람 없다'는 평소의 신념에도 불구하고 200여 명의 노예를 소유했고 흑인과 아메리카 원주민을 부정했다.

4월 14일, 1912년

타이타닉 호 침몰

1912년 4월 14일, 세계 최대의 호화여객선 타이타닉 호가 첫 출항에서 침몰했다. 영국 사우샘프턴을 출항한지 4일 째, 타이타닉호는 22노트의 빠른 속도로 북대서양 유빙을 헤치며 미국 뉴욕을 향해 항진하고 있었다. 4만 6329톤에 배 길이만 272미터, 곧추세우면 지상의 어느 빌딩보다도 높았고 시설도 초일류 호텔 급으로 꾸며 '떠있는 궁전'으로 불렸다. 여느 때처럼 안개가 심했던 14일 밤 11시 45분쯤, 대부분의 승객이 잠자리에 들었을 때 북대서양에 떠다니던 거대한 빙산이 오른 쪽 뱃전을 들이박았고 3시간 만에 3950미터의 해저 속으로 가라앉았다. SOS를 수신한 인근 여객선이 현장에 도착했을때는 새벽 4시, 부랴부랴 771명을 구조했지만 1513명은 이미 이 세상 사람이 아니었다.

4월 15일, 1980년

실존주의자 사르트르 타계

1980년 4월 15일, 프랑스 실존주의 철학자 장 폴 사르트르가 세상을 떠났다. 그는 철학자이자 문학가요, 정치사상가 였지만 그보다 먼저 실천적 지식인이었다. 1964년에 노벨문학상 수상자로 결정되었으나 '부르주아들의 상'이라며 수상을 거부했고, 학창시절부터 연인이었던 시몬 드 보부아르와의 동반자적 계약 결혼 역시 '부르주아 결혼'에 대한 저항의 결과였다. 두 사람은 현재 파리 몽파르나스 묘지에 나란히 묻혀있다.

작가 가와바타 야스나리 자살

1972년 4월 16일 일본의 소설가 가와바타 야스노리가 유서도 남기지 않은 채 가스관을 입에 물고 자살했다. 가와바타는 유년기에 부모와 누이, 할머니를 잃었고 할아버지 슬하에서 자랐지만 할아버지마저 열다섯 살 때 잃었다. 그 탓에 그의 소설에선 자주 우수에 젖은 서정성과 미화된 죽음이 묻어 나온다. 1926년 반 자전적인 소설 '이즈의 무희'로 문단에 나온 가와바타는 소설 '설국'으로 1968년 일본인 최초로 노벨문학상을 수상했다.

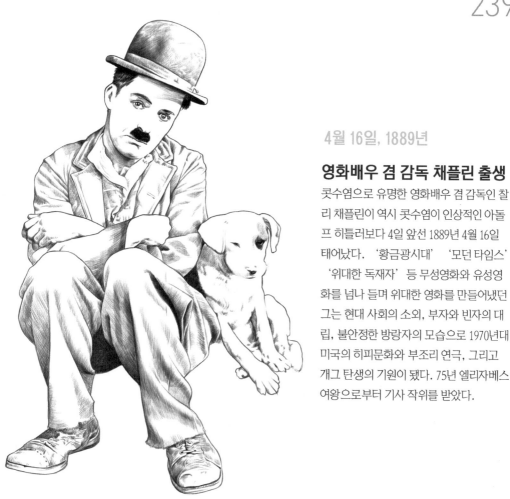

4월 16일, 1889년

영화배우 겸 감독 채플린 출생

콧수염으로 유명한 영화배우 겸 감독인 찰리 채플린이 역시 콧수염이 인상적인 아돌프 히틀러보다 4일 앞선 1889년 4월 16일 태어났다. '황금광시대' '모던 타임스' '위대한 독재자' 등 무성영화와 유성영화를 넘나 들며 위대한 영화를 만들어냈던 그는 현대 사회의 소외, 부자와 빈자의 대립, 불안정한 방랑자의 모습으로 1970년대 미국의 히피문화와 부조리 연극, 그리고 개그 탄생의 기원이 됐다. 75년 엘리자베스 여왕으로부터 기사 작위를 받았다.

천재 작가 이상 요절

1937년 4월 17일, 일본 도쿄 제국대 부속병원에서 폐결핵이 악화된 시인 이상이 27세의 나이로 요절했다. 일제강점기의 문인으로 폐병의 절망을 안고 기생과 동거하며 난해한 초현실주의 시 '오감도'와 소설 '날개'를 써내 천재적 면모를 보였다. 그러나 다방과 카페 경영에 실패하고 절망 끝에 건너간 도쿄에서 "멜론이 먹고 싶다"는 마지막 말을 남긴 채 생을 접고 말았다.

여배우, 왕비가 되다

1956년 4월 18일, 인기 절정의 할리우드 영화배우 그레이스 켈리가 모나코 왕자 레니에 3세와 결혼해 왕비가 되었다. 게리 쿠퍼, 클라크 게이블, 프랭크 시내트라 등 당대 최고 배우들의 구애를 뿌리친 그녀는 세계의 주목을 받으며 왕가의 면사포를 썼고 스크린에서 은퇴했다. 왕비의 신분으로 유럽의 작은 나라 모나코를 온 세상에 알리는 문화후원자로 활약한 그녀는 82년 불의의 자동차 사고로 생을 마감했고 그녀를 잃은 레니에 국왕은 평생 홀로 살다 2005년 그녀 곁에 묻혔다.

4월 18일, 1955년

아인슈타인 사망하다

20세기 천재물리학자 알버트 아인슈타인이 1955년 4월 18일, 76세를 일기로 숨졌다. 독일 울름의 유태인 가문에서 태어난 그는 스위스 취리히 이공대를 나와 스위스 특허국에서 근무하던 1905년 '특수 상대성 이론'을 발표해 당시까지 지배적 과학론인 뉴턴 역학을 뒤흔들고 종래의 시공간 개념을 근본적으로 변혁시켰다. 특히 질량과 에너지의 등가성 발견은 원자폭탄 제조를 예고했는데 2차 대전 후 미·소의 원폭 경쟁이 가속화되자 아인슈타인은 인류멸망의 위기를 경고하고 개발 중단을 호소했다.

4월 19일, 1960년

4.19 혁명 발발

1960년 4월 19일, 민중에 의한 혁명의 불길이 타올랐다. 3·15 부정선거로 재집권을 꾀한 이승만 자유당 정권의 만행에 분노한 대구와 마산의 학생, 시민들이 규탄 시위를 벌이던 중 행방불명됐던 마산상고 김주열의 시신이 머리에 최루탄이 박힌 채 바다에 떠올랐고 국민들의 분노는 부정선거를 시정하라는 전국적 시위로 이어졌으며 결국 대학교수들의 시국선언과 대통령 하야로 이어졌다.

4월 19일, 2011년

박지성, 축구를 변화시킨 50인 선정

2011년 4월 19일, 맨체스터 유나이티드의 박지성
이 미국 스포츠 웹진 블리처리포트 선정 세계
축구를 변화시킨 50인에 포함됐다. 블리처리
포트는 박지성에 대해 아시아 역사상 가장 유
명한 축구 선수라며 '소리없는 영웅'이라 불
릴 정도라 평가했다. 박지성은 펠레, 요한 크
루이프, 프란츠 베켄바워 등과 나란히 이름을
올리며 세계적 스타임을 다시 입증했다. 북한
축구대표팀의 정대세도 50인에 선정됐다.

퀴리 부부, 라듐 분리에 성공

1902년 4월 20일, 마리 퀴리와 피에르 퀴리는 1톤의 피치블랜드에서 순수한 염화라듐 0.1그램을 분리하는데 성공했다. 이들 부부의 실험실은 지붕이 새는 흙바닥 헛간으로, 노벨상을 받은 실험실 중 가장 열악했지만 또한 가장 영웅적이고 과학적인 열정이 쏟아 부어진 장소였다. 마리와 피에르는 수많은 의심을 뒤엎고 라듐이 실제 새 원소임을 입증했다. 라듐을 분리하는 동안 부부는 때때로 한밤중에 그들이 발견한 라듐이 푸르스름한 빛을 내는 것을 관찰하러 헛간으로 내려가곤 했다. 나중에 그 힘들었던 시절에 대하여 마리는 이렇게 증언했다. "우리 인생에서 가장 아름답고 행복했던 날들을 보낸 것은 열정적으로 일에 헌신했던 이 비참하고 오래된 헛간에서 였다. 나는 종종 하루종일을 거의 나만한 키의 쇠막대로 끓는 물질을 휘저으며 보냈다. 저녁이 되면 나는 녹초가 되곤 했다."

4월 20일, 1862년

파스퇴르, 저온 살균법 성공

1862년 4월 20일, 프랑스의 화학자이자 미생물학자인 루이 파스퇴르와 그의 동료 베르나르는 액체 속의 병원균과 부패균을 부분적으로 살균하기 위해 100℃이하의 온도로 가열하는 저온 살균법을 처음 실시해 성공했고 이를 파스퇴라이제이션이라 명명했다. 이 발견으로 주류의 장기 보존과 우유 등의 기본 식품을 부패 없이 장거리 운송할 수 있게 됐고 인류의 식생활은 크게 개선되었다.

4월 21일, BC 753년

로물루스와 레무스, 로마를 건국

"큰 바구니에 담긴 쌍둥이 아이가 티베르강을 따라 떠내려 오고 있는 것을 늑대가 발견해 젖을 먹여 키웠다. 성인이 된 이들은 스스로 형은 '로물루스', 동생은 '레무스'라고 이름 지었다. 그리고 숙부의 흉계로 자기들이 버려졌음을 알게 되어 그에게 복수를 하고 둘이 힘을 합쳐 도시를 하나 건설하였다. 둘은 서로 왕이 되려고 싸우다가 형이 동생을 죽이고 자기의 이름을 따서 도시 이름을 '로마'라 명했다. 그 뒤 양심의 가책을 느낀 형은 동생이 죽은 4월 21일을 로마시의 탄생일로 정했다."

－로마의 전설

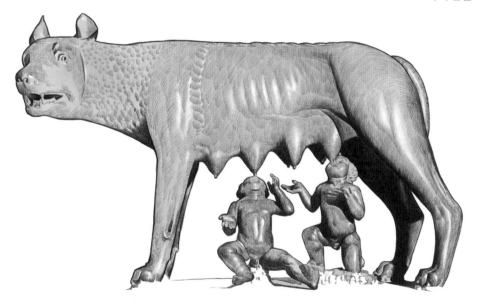

4월 22일, 1983년

'아기공룡 둘리' 탄생

1983년 4월 22일, 만화잡지 '보물섬'에서 '아기공룡 둘리'가 태어났다. 작가는 김수정씨. 둘리는 빙하기 때 얼음 속에 갇혀 있다가 어느 날 서울로 오게 된 초록색 아기공룡이다. 항상 혀를 반쯤 내민 어리숙한 말썽꾸러기지만 돌발 상황에선 외계인에게서 전수받은 초능력을 사용하기도 한다. 둘리는 작가가 80년대 군사정부 시절의 심의를 피하기 위해 궁여지책으로 인간대신 탄생한 동물 캐릭터다. 둘리와 더불어 고길동, 희동이, 도우너, 또치, 마이콜 등 다양한 캐릭터들이 암울했던 시절을 위로했다. 둘리는 국산 캐릭터 산업의 원조이자 수많은 창작 캐릭터들의 기폭제가 됐다.

4월 23일, 1616년

'돈키호테' 세르반테스 사망

1616년 4월 23일, 인류 문학사상 불후의 명작으로
손꼽히는 '돈키호테'의 저자 세르반테스가 스페인에
서 죽었다. '돈키호테'는 2002년 노벨연구소가 세계
유명작가 100명에게 세계에서 가장 훌륭한 문학작품
을 의뢰한 결과 압도적 1위에 오른 작품이다.

감히 이룰 수 없는 꿈을 꾸고,
감히 이루어질 수 없는 사랑을 하고,
감히 견딜 수 없는 고통을 견디며,
감히 용감한 자도 가지못한 곳을 가며,
감히 닿지 못할 저 밤하늘의 별에 이른다는 것.

이것이 나의 순례이며
저 별을 따라가는 것이 나의 길이라오.
아무리 희망이 없을 지라도,
또한 아무리 멀리 있을 지라도……

행크 애런, 메이저리그 첫 홈런

1954년 4월 23일, 밀워키 브레이브스 소속의 행크 애런이 세인트루이스 카디널스를 상대로 자신의 메이저리그 첫 홈런을 쳤다. 20세의 흑인 청년 애런은 20년 후 전설의 백인 홈런왕 베이브 루스의 통산 홈런 기록인 714개를 깨고 총 755개의 홈런을 쳐내게 된다. 713번째 홈런을 친 후, 백인 영웅 베이브 루스의 기록이 깨지는 걸 두려워한 인종차별주의자들이 보낸 온갖 협박편지는 오히려 그의 투지를 불태우게 했다. 2007년 배리 본즈가 홈런 기록을 경신했지만 미국의 야구팬에게 홈런왕은 여전히 행크 애런으로 기억돼 있다.

4월 24일, BC 1184년

트로이 함락

BC 1184년 오늘, 트로이가 고대 그리스
연합군에게 함락됐다. 트로이의 왕자 파
리스에게 납치된 스파르타의 왕비 헬레
나를 되찾기 위해 시작된 전쟁이 10년 동
안 계속되었으나 결판이 나지 않자 그리
스의 오디세우스가 거대한 목마를 남기
고 철수하는 위장 계책을 펼쳐 마침내 왕
을 죽이고 도시를 불태워 트로이를 멸망
시켰다. 호머의 영웅 서사시로 전해진 신
화로 취급되다가 1871년 독일의 고고학
자 하인리히 슐리만이 트로이의 발굴에
성공해 역사적 사실로 확인되었다.

만화가 고우영 화백 별세

2005년 4월 25일, 한국 성인만화의 큰 별 고우영 화백이 지병으로 별세했다. 향년 67세. 만주에서 태어나 광복 후 평양에서 살다 가족을 따라 월남한 그는 '추동성'이란 필명으로 아동만화를 창작했는데 1972년 일간스포츠에 성인만화 '임꺽정'을 연재해 큰 반향을 불러일으키면서 한국 성인만화의 새 장을 열었다. 이후 '삼국지' '일지매' '수호지' 등을 잇따라 히트시키며 70~80년대의 암울한 시기를 유머러스한 필체로 위로해 준 고화백은 대한민국문화예술상과 민족문학작가회 문예인 우정상을 수상했다.

4월 25일, 1939년

박쥐인간 '배트맨' 탄생

1939년 4월 25일, 어둠의 도시 고담에서 악의 무리를 응징하는 슈퍼 히어로로 '배트맨'이 태어났다. 박쥐를 본뜬 전신 슈트와 망토, 첨단 무기로 무장한 배트맨은, 슈퍼맨으로 재미를 본 출판사 DC코믹스에서 밥 케인의 그림과 빌 핑거의 스토리로 창조됐다. 배트맨은 다른 초현실적 영웅들과 달리 초능력이 아닌 지성과 재산, 과학 기술로 악당들에게 맞서는 인간적인 영웅으로 89년 팀 버튼 감독이 영화로 제작한 이후 많은 시리즈 영화들로 인기를 끌고 있다.

4월 26일, 1960년

이승만 대통령 하야 성명 발표

1960년 4월 26일, 3·15부정선거로 4대 대통령에 당선된 이승만 대통령이 4·19 혁명과 함께 폭발한 국민들의 분노와 지탄에 항복해 결국 하야 성명을 발표 했다. "국민이 원한다면 대통령직을 사임하고 선거를 다시 하겠으며 내각책임제 개헌을 하겠다"는 것이 그 내용이다. 이로써 1948년 건국 이래 12년 동안 장기 집권한 그는 다음날 대통령 사직서를 국회에 제출했고 사흘 후 극비리에 하와이로 떠났다.

극진 가라테 최영의 타계

1994년 4월 26일, 극진 가라테의 창시자 최영의가 71세를 일기로 타계했다. 전북 김제 태생의 최영의는 불과 16세에 나가 사키로 도일해 가라테를 배웠다. 45년 일본의 패망 후, 전설적인 무사 미야모토 무사시를 본받아 입산수도하여 극진 가 라테를 창시했고 48년 전일본선수권 대회를 제패했다. 이후 일본뿐만 아 니라 세계를 주유하며 실전 무도를 교육, 전파시켰다. '최배달'이 라는 이름으로 더욱 익숙한 그의 극진 가라테는 세계 120여 나라 에서 1400만 명이 수련하고 있다.

4월 27일, 2004년

아웅산 수치 광주인권상 수상 선정

2004년 4월 27일, 미얀마 민주화운동 지도자 아웅산 수치가 제5회 광주인권상 수상자로 결정됐다. 인도의 마하트마 간디와 미국의 마틴 루서 킹의 비폭력운동에 영감을 받은 그녀는 가장 폭압적인 정권에 비폭력으로 대항해 국민적 지지를 모았고 1991년 노벨평화상을 수상했다. 20년 가까운 가택연금 상황에도 군부독재에 결연히 맞서 온 수치여사는 2015년 대선에서 미얀마 국민들에게 큰 희망의 약속이 됐다.

4월 27일, 1968년

광화문 네거리에 이순신 장군 동상 제막

1968년 4월 27일, 서울 세종로 광화문 네거리에 충무공 이순신 장군 동상이 제막됐다. 구리로 만든 충무공 동상은 서울대 미대 학장을 지낸 고 김세중씨가 13개월에 걸쳐 만든 작품으로, 좌대 높이 12m, 동상 높이가 9m에 달했다. 30평 화강석 좌대에 세워진 동상의 전면 양쪽엔 청동주물의 독전 북이, 좌대 하층 부분엔 청동주물의 길이 3m 되는 거북선이 놓였고 좌대 뒷면에는 노산 이은상씨의 명문이 새겨졌다. 당초 세종로에 세워지는 동상이니 만큼 세종대왕을 세우자는 의견도 있었지만 일제가 훼손한 조선왕조의 정신을 되살리는 데는 이순신 장군이 최고라는 의견이 최종적으로 받아들여져 충무공 동상이 세우게 됐다. 현재는 광화문 쪽 210m맞은 편으로 세종대왕 동상이 세워졌다.

4월 28일, 1686년

뉴턴 '프린키피아' 출판

1686년 4월 28일, 영국의 천재 물리학자 아이작 뉴턴이 자신의 역학 및 우주론에 관한 연구를 집대성한 책 '자연 철학의 수학적 원리', 일명 '프린키피아'를 내놓았다. 20세 때 떨어지는 사과에서 얻은 단서에서 출발, 20여 년의 세월이 지나서야 완성한 '만유인력의 법칙'은 고전 역학의 세계를 논리적으로 체계화한 결정적인 법칙이었다. 자연은 일정한 법칙에 따라 운동하는 복잡하고 거대한 기계라고 갈파한 그의 역학적 자연관은 200년이 더 지나 양자역학이 등장하기 전까지 확고부동한 지위를 고수했다.

"나는 해변에서 예쁜 조약돌과 조개껍질을 발견하고 즐거워하는 어린 아이와 같다. 그러나 진리의 대양은 모조리 미발견인 채로 내앞에 누워있다."

4월 29일, 1932년

윤봉길 의사 폭탄 투척

1932년 4월 29일, 상하이 훙커우 공원에서 대한민국의 독립운동가이자 교육자.시인인 윤봉길 의사가 일왕의 생일연 기념행사장에 폭탄을 투척했다. 물통과 도시락으로 위장한 폭탄 중 물통 폭탄을 투척해 상하이 파견군 총사령관 등 요인들 여럿을 사상케 했다. 윤의사의 쾌거에 세계가 놀랐고 중국의 장개석 총통은 "중국의 백만 대군이 못한 일을 일개 조선청년이 해냈다"고 감탄하며 대한민국 임시정부에 전폭적인 지원을 약속했다. 윤의사는 그해 12월 19일, 25세의 나이로 총살돼 순국했다.

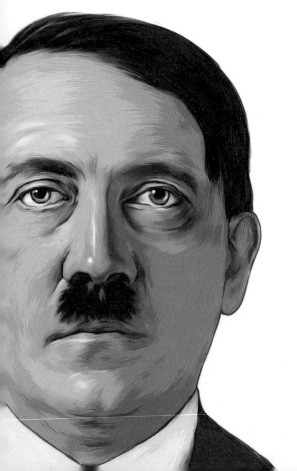

4월 30일, 1945년

독재자 히틀러 음독자살

1945년 4월 30일, 제2차세계대전을 일으켰던 독일의 독재자 아돌프 히틀러가 자살했다. 나치당의 강력한 세력으로 부상한 히틀러는 1934년 대통령 파울 폰 힌덴부르크가 죽자 총통 겸 총서기로 취임해 실업자 감소, 사회보장 정책, 각종 구습 폐지 등의 혁신 정책을 실시했고 성공적인 외교 정책으로 인기가 절정에 달했다. 군부까지 장악한 히틀러는 1939년 9월 폴란드를 침공함으로써 제2차세계대전을 일으켰다. 히틀러는 이탈리아의 베니토 무솔리니와 친밀한 관계를 유지했으나, 이탈리아는 전쟁에서 패배를 거듭했고 소련과의 전쟁에서도 독일군 22만 명이 전사하거나 포로가 되는 등 실패로 끝났다. 결국 전쟁에서 패배한 히틀러는 베를린 총통 관저 지하실에서 부인 에바 브라운과 함께 음독자살했다.

1월
January

2월
February

3월
March

4월
April

5월
May

6월
June

영국 탐험가 리빙스턴 사망

1873년 5월 1일, 미지의 대륙 아프리카를 선구적으로 탐험한 데이비드 리빙스턴이 북로디지아 방웨울루 호수 근처에서 말라리아와 이질로 사망했다. 스코틀랜드의 노동자 가정에서 태어난 그는 방적공장에서 일하면서 독학했고 대학에서 의학과 신학을 공부해 아프리카에 의료전도사로 건너갔다. 빅토리아 폭포와 잠베지 강 등을 발견했던 그는 노예사냥 실태를 폭로해 노예무역 금지에 이바지하기도 했으나 아프리카를 유럽의 식민지로 전락시키는 첨병 역할을 했다는 비판도 있다.

5월 2일, 1994년

넬슨 만델라, 대통령 당선

남아프리카공화국의 흑인 변호사 넬슨 만델라는 1944년 이래 인종격리정책인 아파르트헤이트에 대항해 흑인해방운동의 지도자로 활동했다. 잔혹한 차별 탓에 무저항주의에서 무장투쟁으로 노선을 바꿔 활동하던 중 체포돼 종신형을 선고받고 약 27년간 죄수번호 46664로 감옥생활을 했다. 93년 백인정치가 데 클레르크와 공동으로 노벨평화상을 수상한 만델라는 94년 5월 2일 남아프리카 최초의 민주 선거에서 최초의 유색인 대통령으로 당선되어 99년까지 재임했다.

5월 3일, 1979년

대처, 영국 최초 여성 총리 당선

1979년 5월 3일, '철의 여인' 마거릿 대처가 이끄는 보수당이 5년 만에 정권을 탈환하면서 영국 최초의 여성 수상이 탄생했다. 그녀는 신자유주의에 기반을 둔 과감한 시장주의 경제를 도입하여 고질적인 영국병을 치유하려고 하였다. 장기간의 석탄 노동자 파업을 진압하고 주요 국영 기업을 민영화했으며 사회 복지 혜택을 감축하였다. 정치적으로는 철저한 반공주의 정책을 폈고 EU 가입에 적대적 이었으며, 아르헨티나와의 포클랜드 전쟁을 승리로 이끌었다. 이후 영국이 안정을 찾아가자 대처는 두 번이나 더 총리에 당선되며 11년간 영국을 재정비했다. 그러나 그녀는 빈부 및 지역 격차, 제조업의 붕괴를 초래했고 영국의 경제 문제를 근본부터 치유하지 못했다는 반대자들의 비판도 있다.

5월 4일, 전차 개통

국내 최초로 전차가 개통되다

1899년 5월 4일 오후 3시, 국내 최초로 동대문-흥화문 간 전차가 개통식을 가졌다. 전 해인 1898년 전차 운행을 위해 조선 최초의 전기 회사인 한성전기회사가 설립되었는데 바로 고종 황제가 출자한 황실기업이었다. 장안 한복판으로 시속 8km로 달리는 전차는 40인승 두 칸으로 연결되어 밖을 볼 수 있게 유리창을 달았고 내부는 방과 마루로 구성됐다. 오전 8시부터 오후 6시까지 정거장이 따로 없이 승객이 손을 들면 전차를 세워 타고 내릴 수 있었다. 하지만 대중교통의 혁명을 몰고 온 이 전차는 개통 후 한달이 채 지나지 않은 5월 26일, 파고다 공원 앞을 지나다가 다섯 살 난 아이를 치어 죽였고 흥분한 군중들이 차를 부수고 불태워 버린 사건도 있었다.

5월 4일, 키스 해링

낙서 예술가 키스 해링 출생

1958년 5월 4일, 미국의 낙서 화가 키스 해링이 미국 펜실베이니아주 레딩에서 태어났다. 그래픽 디자인을 공부한 그는 뉴욕 거리와 지하철의 낙서화에서 영감을 얻어 길거리, 지하철, 클럽 등지의 벽에 간결한 선과 강렬한 원색으로 사회성과 유머를 담아 픽토그램 형태의 낙서 예술을 퍼뜨렸고 곧 전 세계적이고 대중적인 아이콘이 됐다. 90년 해링은 에이즈로 인한 합병증으로 31세의 나이에 요절했다.

5월 5일, 2004년

엄홍길 히말라야 15좌 등정

2004년 5월 5일, 산악인 엄홍길이 해발
8505m인 얄룽캉 등반에 성공, 세계 최초
로 히말라야 8000m급 15좌 완등의 쾌거를
이룩했다. 엄홍길은 이날 오전 6시30분쯤
7800m 지점을 출발해 12시간의 산행
끝에 정상에 섰다. 얄룽캉은 히말라야
14좌 중 하나인 캉첸중가의 서쪽 위
성봉이다. 그는 이듬해 8400m의
로체샤르도 등정해 다시 세계 최
초로 16좌 완등에 성공했다.

5월 6일, 1856년

정신분석학자 프로이트 출생

오스트리아의 정신과 의사이자 정신분석학의 창시자
지그문트 프로이트가 1856년 5월 6일 체코의 유대인
가정에서 태어났다. 유년 시절 오스트리아 빈으로 이
주해 빈 대학에서 의학을 공부한 그는 파리에서 최면
요법을 연구하고 돌아와 정신과 개인병원을 개업했다.
그는 신경증 증상들이 성적 욕망과 방어사이의 갈등
이라는 주장을 했고 대표적 저서 '꿈의 해석'에서
무의식의 세계인 꿈의 분석과 인간 활동의 근
본 에너지를 성욕과 본능에 근거해 설명함
으로써 지지와 저항의 극단적인 격론을
불러 일으켰다.

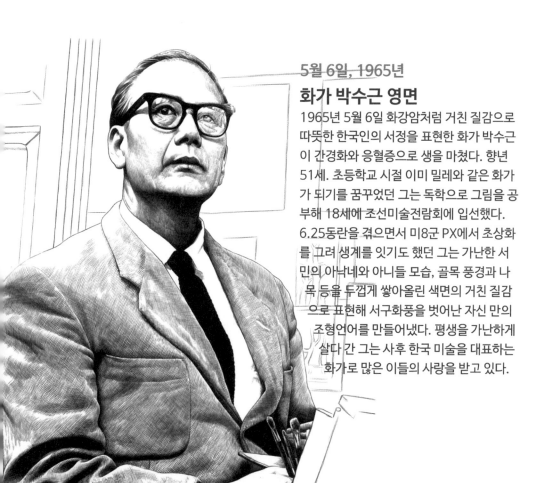

5월 6일, 1965년

화가 박수근 영면

1965년 5월 6일 화강암처럼 거친 질감으로 따뜻한 한국인의 서정을 표현한 화가 박수근이 간경화와 응혈증으로 생을 마쳤다. 향년 51세. 초등학교 시절 이미 밀레와 같은 화가가 되기를 꿈꾸었던 그는 독학으로 그림을 공부해 18세에 조선미술전람회에 입선했다. 6.25동란을 겪으면서 미8군 PX에서 초상화를 그려 생계를 잇기도 했던 그는 가난한 서민의 아낙네와 아이들 모습, 골목 풍경과 나목 등을 두껍게 쌓아올린 색면의 거친 질감으로 표현해 서구화풍을 벗어난 자신 만의 조형언어를 만들어냈다. 평생을 가난하게 살다 간 그는 사후 한국 미술을 대표하는 화가로 많은 이들의 사랑을 받고 있다.

5월 6일, 1937년

독일 호화 비행선 '힌덴부르크' 폭발

1937년 5월 6일 , 프랑크푸르트를 떠난 독일 비행선
'힌덴부르크호'가 미국 뉴욕 상공에서 착륙 준비를
하던 중 폭발음과 함께 수소가스주머니가 파열됐다.

삽시간에 번진 불로
뒤쪽이 내려앉아 11명이
떨어지고 곧 몸체도 요란한
소리와 함께 지상으로 추락했다.
최초의 폭발로부터 불과 32초 밖에
걸리지 않은 짧은 시간이었다. 36명이
숨졌고 61명은 기적적으로 살아났다.
'힌덴부르크호' 폭발과 함께 대형
비행선 시대도 막을 내렸다.

5월 7일, 기원전 428년

철학자 플라톤 출생

기원전 428년 5월 7일, 고대 그리스의 철학자 플라톤이 태어났다. 그는 소크라테스의 제자이자 아리스토텔레스의 스승으로 알려져 있다. 그는 이데아 설을 제창하여 감각적이고 물질적인 현 세계의 현상은 본질적이고 영원한 이데아의 그림자에 불과하며 불멸의 영혼 세계인 이데아를 상기하는 것에서 진정한 인식이 얻어진다고 했다. 철학자가 국가를 통치하는 플라톤의 이상적 관념론은 아직도 깊고 강력하게 현대인의 마음속에 힘을 발휘하고 있다.

5월 7일, 1824년

베토벤 '합창 교향곡' 지휘

1824년 5월 7일, 오스트리아 빈에서
루드비히 반 베토벤이 작곡한 '합창
교향곡'이 초연됐다. '합창 교향
곡'은 환희와 인류애의 메시지
를 담고 있는 베토벤의 마지막
교향곡으로서 서양 고전 음악 중
최고의 작품으로 평가받고 있다. 그
러나 이 당시 이미 베토벤은 청력을 잃
어 귀가 전혀 들리지 않는 상태였다. 연주
가 끝난 뒤, 모든 관객이 기립하여 우레와 같
은 갈채를 보냈으나 베토벤은 박수 소리를
들을 수 없었다. 유네스코는 2002년에
이곡을 악보로는 최초로 세계문화
유산으로 지정했다.

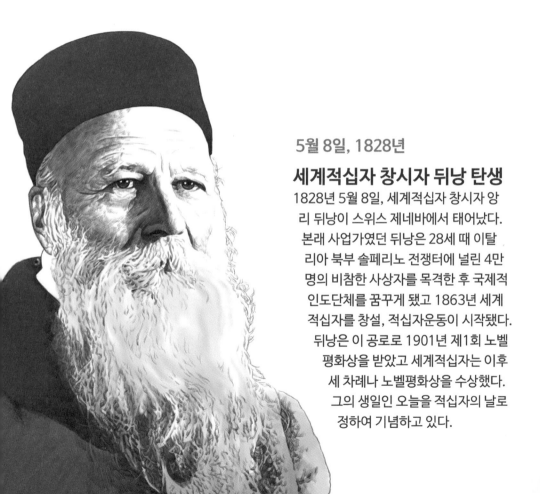

5월 8일, 1828년

세계적십자 창시자 뒤낭 탄생

1828년 5월 8일, 세계적십자 창시자 앙리 뒤낭이 스위스 제네바에서 태어났다. 본래 사업가였던 뒤낭은 28세 때 이탈리아 북부 솔페리노 전쟁터에 널린 4만 명의 비참한 사상자를 목격한 후 국제적 인도단체를 꿈꾸게 됐고 1863년 세계적십자를 창설, 적십자운동이 시작됐다. 뒤낭은 이 공로로 1901년 제1회 노벨평화상을 받았고 세계적십자는 이후 세 차례나 노벨평화상을 수상했다. 그의 생일인 오늘을 적십자의 날로 정하여 기념하고 있다.

5월 9일, 1986년

셰르파 노르가이 사망

에드먼드 힐러리와 함께 세계 최초로 에베레스트에 오른 셰르파 텐징 노르가이가 1986년 5월 9일 뇌출혈로 세상을 떠났다. 향년 71세. 티베트에서 태어나 네팔에서 자란 텐징은 셰르파로 경험을 쌓아 1953년 5월 29일, 8848m의 세계최고봉 에베레스트 정상 아래에 도착했으나 30분을 기다려 힐러리가 먼저 정상을 밟도록 도왔다. 텐징은 세계적 스타가 됐고 네팔의 자존심을 세운 영웅으로 대접받았다.

5월 9일, 2009년

수필가 장영희 교수 별세

2009년 5월 9일, 영문학 작품의 번역과 대중적
수필로 필명이 높았던 장영희 서강대 교수가
지병인 암으로 별세했다. 향년 57세. 영문
학 권위자였던 고 장왕록 박사의 딸인 그
는 생후 1년 만에 소아마비로 1급 장애인
이 됐으나 불굴의 의지로 서강대에서
영문학을 전공하고 미국 뉴욕주립대
에서 박사학위를 받았다. 귀국 후 서
강대 강단에서의 강의와 수필 등으로
왕성한 활동을 하던 중 암이 발병하
여 투병해왔던 그는 '살아온 기적
살아갈 기적'을 유작으로 남겼다.

5월 10일, 1508년

미켈란젤로, 시스티나 성당 천장벽화 작업 시작

1508년 5월 10일, 미켈란젤로 부오나 로티가 교황 율리우스 2세와 계약을 체결하고 시스티나 성당의 천장벽화 작업을 시작했다. 키 155cm에 불과한 르네상스 시대의 위대한 거인 미켈란 젤로는 이후 4년 6개월 동안 500m^{2}가 넘는 면적에 300명 이상의 인물들을 그리는 프레스코 작업을 오로지 혼자 서 해낸다. 1512년 10월 31일 시스티나 성당이 교황의 미사 후 일반에게 공개 되었을 때 사람들은 너무도 경탄하여 말을 잊은 채 입을 다물지 못했지만 고 통스럽고 오랜 작업으로 인해 미켈란 젤로의 목은 비뚤어져 버리고 말았다.

5월 10일, 1999년

작가 쉘 실버스타인 사망

1999년 5월 10일, 동화 '아낌없이 주는 나무'의 작가 쉘 실버스타인이 미국 플로리다의 자택에서 심장마비로 67세에 사망했다. 시카고 태생의 그는 작가이자 일러스트레이터, 시인, 음악가로 폭넓은 예술생활을 했다. 50년 6·25전쟁에도 참전한 그는 성인잡지 '플레이보이'에 글과 만화를 기고하면서 작가생활을 시작했는데 어린이 뿐만 아니라 어른들에게도 감동을 주는 이야기책으로 유명하다. 우화 작품집 '다락방의 불빛'은 미국 학교도서관 신문 선정 최우수 작품으로 꼽혔다.

Shel
SilverStein

5월 11일, 1904년

화가 살바도르 달리 태어나다

1904년 5월11일, 기벽과 천재성으로 유명
한 초현실주의 화가 살바도르 달리가 스페
인 카탈루냐의 소도시에서 태어났다. 어릴
때부터 안하무인이었던 그는 미술학교에
서 퇴학당한 후 파리로 건너가 에른스트,
마그리트, 부르통 등 초현실주의 그룹과
조우했고 흐늘거리는 시계 이미지로 유명
한 '기억의 연속성' 등 환영과 암시가
가득한 그림으로 세계적인 화가가 됐다.
20세기 가장 독창적인 화가로 꼽히는 달
리는 살아서 최고의 영화를 누린 후 85세
를 일기로 세상을 떠났다.

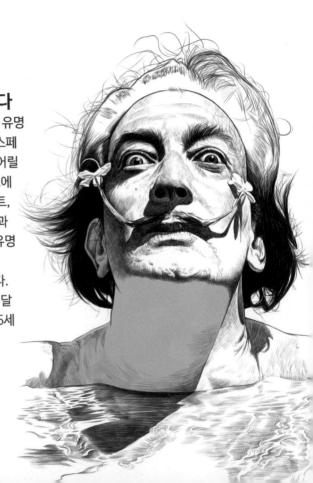

5월 11일, 1981년

뮤지컬 '캣츠' 런던서 초연

1981년 5월 11일, 세계 4대 뮤지컬의 시작이자 뮤지컬의 신화로 일컬어지는 '캣츠'가 영국의 뉴 런던시어터에서 개막했다. 영국의 시인 T.S.엘리어트의 시를 바탕으로 제작된 뮤지컬 '캣츠'는 스토리에 따른 전개를 이해할 필요 없이 감상할 수 있어 전 세계적으로 폭발적인 인기를 누렸다. 스펙터클한 세트와 화려한 분장, 실제 고양이 같은 안무에 최고 인기의 주제곡 '메모리'가 합쳐져 21년 동안 세계 30여 개 국에서 6500만 명 이상의 관객을 동원했고 '오페라의 유령'에 1위 자리를 내주기 전까지 최장기 흥행 기록을 남기기도 했다.

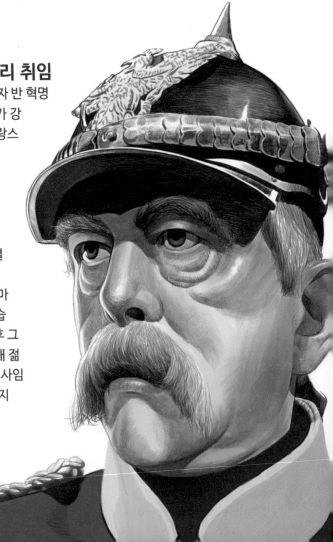

5월 12일, 1871년

비스마르크, 독일제국 총리 취임

1871년 5월 12일, 보수주의자 이자 반 혁명
파였던 프로이센 총리 비스마르크가 강
경파로 선회하며 오스트리아와 프랑스
와의 전쟁을 승리로 이끌어 프로이
센 중심의 독일통일을 이룩하여
독일제국의 초대 총리로 취임했
다. 그는 일찍이 프로이센 총리
시절에 "현재 문제는 언론이나
다수결이 아니라 철과 피에 의해 결
정 된다" 는 정책을 밀어붙여 '철
혈 재상'이라 불렀다. 그러나 비스마
르크가 통일 과정에서 '철혈적'모습
을 보인 것은 사실이지만 통일 이후 그
는 평화적, 보수적 정책으로 전환해 젊
은 황제 빌헬름 2세와의 대립으로 사임
하는 1890년 까지 유럽을 좌지우지
했다.

5월 13일, 1940년

처칠, 영국 총리 취임

"나에게는 피와 수고와 땀 이외에
내놓을 것이 아무것도 없습니다."
1940년 5월 13일, 윈스턴 처칠이 체
임벌린의 후임으로 영국 총리에 취임
했다. 처칠은 팔삭둥이 조산아로 태어
나 초등학교 때는 교사로부터 제일 멍
청한 소년이라는 말을 듣고, 중학교 때
는 영어에서 낙제 점수를 받아 3년이나
유급했다. 결국 캠브리지나 옥스퍼드에
는 입학할 수 없어 육군사관학교에 입
학했지만 그는 국왕 아래 영국 최고의
자리에 올랐다. 처칠은 훗날 명문 옥
스퍼드 대학의 졸업식 축사를 "포기
하지 말라! 절대로, 절대로, 절대로
포기하지 말라!"라고 두 마디로
끝냈다.

5월 14일, 2004년

노무현 대통령 탄핵 기각

2004년 5월 14일, 노무현 전 대통령
에 대한 탄핵 심판이 기각됐다. 헌정
사상 초유의 대통령 탄핵심판을 받았
던 노 전 대통령은 직무 정지 63일 만
에 다시 대통령 업무에 복귀하였다.
탄핵 심판 중 전국에서는 탄핵에 반
대하는 시민들이 모여 촛불시위를 벌
였다. 노 전 대통령의 지지율은 60%
대까지 치솟았고 4월 중 치러진 총선
에선 탄핵 역풍을 업은 열린우리당이
과반의 석인 154석을 얻으며 승리했다.

5월 14일, 1948년

이스라엘 건국 선언

'이스라엘 땅은 유대인의 탄생지다. 여기서 최초로 국가를 만들었고 책중의 책(성경)을 세계에 전했다. 우리는 이곳에 이스라엘 이라는 유대인 국가의 설립을 선언한다.' 1948년 5월 14일, 텔아비브 미술관에서 유대 국가 건국 위원회 의장 벤구리온이 이스라엘 건국을 선언했다. 제1차 세계대전 때 영국을 도운 보답으로 유대인 국가 건설을 약속받은 '밸푸어 선언'이 시오니즘에 결정적으로 힘을 보태 준 덕분이었다. 이로써 2000년에 걸친 유대인의 유랑은 끝이 났지만 졸지에 삶의 터전에서 쫓겨난 팔레스타인 주민들은 이날이 '재앙의 날'이 되어 새로운 난민이 되었고 현재까지 폭력과 보복은 끊이질 않아 이 지역은 세계의 화약고로 변해버렸다.

5월 15일, 1940년

듀폰사 나일론 스타킹 최초 판매

1940년 5월 15일 아침, '실크보다 질기고 면보다 가벼우며 신축성이 뛰어난' 나일론 스타킹이 미국 전역의 백화점에서 판매되기 시작했다. 나일론 스타킹은 기존 실크 스타킹보다 2배나 비싼 1.15~1.35달러에 판매됐지만 첫날에만 500만 켤레가 팔려나갔다. 그러나 최초의 인조섬유 나일론을 개발한 윌리스 흄 캐러더스 박사는 이미 3년 전에 필라델피아의 한 호텔에서 의문의 자살을 하고 말아 이러한 성공을 볼 수 없었다.

5월 15일, 1902년

시인 정지용 태어남

1902년 5월 15일, 한국 근대 시사에서 섬세하고
자유로운 언어로 새로운 시적 경지를 연 시인
으로 평가받는 정지용 시인이 태어났다.

호수

얼굴하나야
손바닥 둘로
폭 가리지만

보고픈 마음
호수만 하니
눈감을 밖에

5월 16일, 1989년

정명훈, 국립바스티유오페라단 지휘자 취임

1989년 5월 16일, 세계적인 지휘자 정명훈이 파리 국립바스티유오페라단 음악 총감독 겸 상임 지휘자로 취임했다. 프랑스가 혁명 200주년 기념 문화사업의 본보기로 추진한 바스티유 오페라극장은 세계 최고수준을 목표로 건립됐다. 7세 때 이미 피아니스트로 서울시교향악단과 협연했던 천재 정명훈은 이후 세계 최정상급 지휘자로 인정받게 되었다.

5월 17일, 2007년

동화 작가 권정생씨 타계

2007년 5월 17일, 동화 '강아지똥'과 '몽실언니'를 쓴 아동문학가 권정생씨가 71세를 일기로 별세했다. 기독교적 사랑과 희생을 바탕으로 하찮고 버림받은 것들에 대한 사랑을 아름답게 글로 옮긴 권 씨는 베스트셀러 작가가 된 이후에도 안동 시골의 오두막집에서 무소유의 삶을 살았다. 그는 인세를 모은 돈으로 북한과 세계의 굶주린 아이들을 위해 써달라는 유서를 남기고 세상을 떠났다.

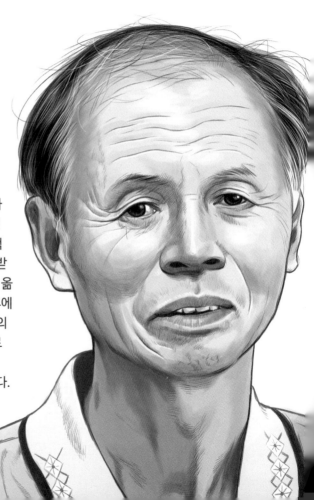

닉슨은 거짓말쟁이

5월 17일, 1973년

워터게이트 사건 청문회 개시

1973년 5월 17일, 미국의 대통령 리처드 닉슨의 재선을 위한 비밀공작반이 워싱턴 워터게이트 빌딩에 있는 민주당 전국위원회 본부에 침입해 도청장치를 설치하려다 발각된 사건에 대한 청문회가 개최됐다. 닉슨은 도청사건과 백악관과의 관계를 부인했으나 닉슨 정권의 선거 방해, 정치헌금의 부정, 수뢰, 탈세 등이 점차 드러났고 대통령 자신도 무마 공작에 나섰던 사실이 폭로되어 결국 이듬해 닉슨은 대통령 직을 사임했다. 임기 도중 대통령이 사임한 것은 역사상 최초의 일이었으며, 미국 역사에 커다란 오점으로 기록됐지만 의회와 최고재판소가 그 직무를 완수함으로써 민주주의의 전통이 수호되었다는 점에서 큰 의의를 남겼다.

5월 18일, 1883년

바우하우스 창립자 그로피우스 출생

1883년 5월 18일, 모더니즘을 대표하는 독일의 건축가이자 디자인 교육가인 발터 그로피우스가 베를린에서 태어났다. 산업디자인과 공예, 그리고 건축의 교육을 망라하는 학교인 바우하우스를 직접 건축하고 초대 교장을 역임했다. 나치의 압박을 피해 미국으로 건너간 그는 하버드대학 건축대학원 교수로 많은 건축가를 길러내 미국 근대 건축의 육성에 이바지했다.

5월 18일, 1897년

소설 '드라큘라' 출판

1897년 5월 18일, 고딕 호러 소설의 고전으로 오늘날까지도 꾸준히 인기를 얻고 있는 '드라큘라'가 출판됐다. 저자 브램 스토커는 아일랜드의 소설가인데 '드라큘라'는 루마니아 트란실바니아 지방의 공작 블라드 3세의 행적을 모티프로 하여 탄생한 작품이다.

…드라큘라 백작의 런던 저택 매입과 관련한 법적 문제를 처리하기 위해 트란실바니아로 찾아간 주인공 조너선은 백작의 성에서 그의 끔찍한 실체를 목격한다. 곧이어 영국에서는 기이한 사건들이 잇따라 발생하고, 그 모든 것의 배후에 드라큘라의 사악한 목적이 깔려있다는 것이 밝혀지면서 반 헬싱 박사 등과 함께 드라큘라에 맞서기위한 치열한 전투가 시작된다…

5월 18일, 1980년

세인트헬렌스 산 화산 폭발

1980년 5월 18일 오전 8시 32분, 미국 태평양 연안의 워싱턴 주에 있는 세인트헬렌스 산에서 123년 만에 대규모 화산이 폭발해 산 정상이 송두리째 날아가 버렸다. 2차 세계대전 당시 히로시마에 투하됐던 원자폭탄 2만7000개 분량 상당의 폭발이 9시간 이상 계속되어, 폭발음이 300km 떨어진 캐나다 밴쿠버에서도 들릴 정도였고 과학자를 포함한 57명의 사람이 목숨을 잃었다.

5월 19일, 1957년

제1회 미스코리아 선발대회 개최

1957년 5월 19일, 서울 명동시립극장에서 제1회 미스코리아 선발대회가 열렸다. 응모 자격은 만 18세 이상 28세까지의 한국 여성으로서 지·덕·체의 모든 면에 진선미를 겸비한 사람, 직업 유무는 불문이나 흥행단체 또는 접객업소에 종사한 일이 없는 미혼여성으로 했다. 이 날 결선에 오른 7명의 후보가운데 23세 서울출신의 박현옥 양이 미스코리아 진으로 당선돼 상금 30만 환과 양단저고리, 양복지, 은수저 등의 부상을 받았다.

5월 19일, 1910년

핼리혜성 76년 만에 재출현

1910년 5월 19일, 꼬리 길이가 1억 2000만km나 되는 핼리혜성이 지구 하늘에 다시 찾아왔다. 영국의 천문학자 에드먼드 핼리가 예언한 이후 세 번째의 방문이었지만 사람들은 공포에 휩싸였다. 재앙과 괴변의 조짐으로 알려진 혜성이긴 했지만 이때는 지구가 시안 화합물이 포함된 혜성 꼬리에 진입했기 때문에 더욱 종말론이 기승을 부린 탓이었다. 약삭빠른 장사꾼들은 '혜성 액땜 알약'과 '방독 마스크'를 팔았다. 급기야 공황상태에 빠져 자살하는 사람까지 생겼지만 끝내 지구엔 별 탈(?)이 없었다.

핼리

목성

토성

천왕성

해왕성

5월 20일, 1873년

리바이 스트라우스 청바지 특허

1873년 5월 20일, 미국인 리바이 스트라우스
가 자신이 발명한 청바지의 특허를 받았다.
샌프란시스코 금광에서 금을 캐던 광부들의
바지가 쉽게 헤진다는데 착안한 리바이는 질
긴 천막용 천으로 바지를 만들었고 광부와 카
우보이들이 즐겨 입으면서 히트를 쳤다. 청바
지 제조업체 리바이스(Levi's)는 청바지의 발
명자 리바이 스트라우스가 설립한 회사다.

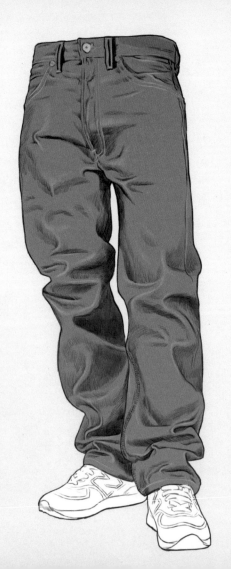

5월 20일, 1932년

에어하트, 여성 최초 대서양 무착륙 단독비행

미국의 조종사 찰스 린드버그가 세계 최초로 대서양을 횡단한 지 정확히 5년 후인 1932년 5월 20일, 여성 조종사 아멜리아 에어하트가 대서양을 무착륙으로 단독 비행했다. 미국에서 출발한 후 거친 폭풍우 속에서 난기류에 휘말려 곤두박질치고 고도계와 엔진 고장 등 어려움을 겪었지만 15시간 만에 북아일랜드에 무사히 착륙한 그녀는 '하늘의 퍼스트레이디'라는 별명을 얻었다. 그 후 미국 대륙 왕복횡단, 태평양 횡단 비행 등 당대 최고의 여성 비행사로 이름을 날린 그녀는 다시 도전한 세계일주 비행중 남태평양 상공에서 비행기와 함께 전설처럼 사라져 종적을 알 수 없다.

5월 21일, 1921년

핵물리학자 사하로프 출생

구소련에서 '수소폭탄의 아버지'라 불린 안드레이 사하로프가 1921년 5월 21일 모스크바에서 태어났다. 그는 대학을 졸업한 지 3년 만인 24세 때 수소폭탄 제조의 이론적 문제 해명에 성공해 스탈린상과 레닌훈장 등을 수상했다. 그러나 그는 핵실험에 반대하고 스탈린 독재를 비판해 명예를 박탈당하고 국내 추방돼 러시아 반체제 지식인의 대표적 존재가 됐다. 1975년 노벨평화상을 수상했다.

5월 22일, 1990년

빌 게이츠 윈도 3.0 출시

1990년 5월 22일, 하버드대를 중퇴한 빌 게이츠가 폴 앨런과 함께 공동 창업한 마이크로소프트 컴퓨터가 GUI(Graphic User Interface) 방식의 윈도를 운영체제로 한 세 번째 버전인 윈도 3.0을 발매했다. 프로그램관리자와 아이콘의 역할이 강화됐고 파일관리자를 새로 선보인 윈도 3.0은 이후 윈도용 프로그램이 대거 등장하면서 애플을 따돌리고 PC 운영체제 시장의 확고한 강자가 됐다. MS-DOS를 내놓은 지 9년 만에 마이크로소프트는 IT업계의 대제국으로 올라선다.

5월 23일, 1934년

보니와 클라이드 사살

1934년 5월 23일, 미국 남부에서 1년 9개월 동안 강도 행각을 벌여온 클라이드 배로와 그의 애인 보니 파커가 루이지애나 주의 고속도로를 질주하던 중 잠복해있던 경찰들이 무차별로 쏜 87발의 기관총 세례를 받고 즉사했다. 대공황기에 삶에 대한 희망을 상실한 채 시골 상점과 은행을 털고 사람을 살해했던 2인조 강도의 불행한 여정은 1967년 아서 펜 감독이 영화 '우리에게 내일은 없다'에서 충격적으로 되살려내 열광적인 찬사를 받았다.

5월 23일, 1498년

이탈리아 종교개혁가 사보나롤라 화형

1498년 5월 23일, 이탈리아 르네상스 시대의 급진적인 종교개혁가 지롤라모 사보나롤라가 화형 당했다. 도미니크 수도회의 수사였던 그는 메디치 가문이 몰락한 피렌체를 프랑스의 침공으로부터 비껴가게 한 공로로 시민들의 추앙을 받았다. 사보나롤라의 신권 독재는 시민뿐만 아니라 철학자, 예술가, 유력 계급을 불문하고 금욕적 가르침으로 복종케 했고 교황에게까지 반발했으나 반 사보나롤라파의 음모와 시민들의 염증으로 체포돼 화형에 처해졌다.

300

5월 24일, 1940년

시코르스키, 최초 헬기 시험비행

1940년 5월 24일, 러시아 태생의 미국 항공 엔지니어 이고르 시코르스키가 현대 헬기의 모체가 되는 단일 로터(회전날개) 형태인 V-300의 시험비행에 성공했다. 그는 2년 후 이를 보완해 세계 최초의 대량 생산 헬기인 시코르스키 R-4를 제작해 제2차 세계대전 때 많은 활약을 했다.

5월 24일, 1954년

종군 사진가 로버트 카파 사망

1954년 5월 24일, 전설적인 종군 사진기자 로버트 카파가 베트남전 취재도중 지뢰를 밟고 폭사했다. 히틀러를 피해 파리에서 저널리즘 사진을 찍던 카파는 1938년 스페인 내전에 종군, 한 병사가 총탄에 맞고 쓰러지는 순간을 촬영한 '병사의 죽음'이 라이프지 표지에 실리면서 이름이 크게 알려졌다. 그 후 중일전쟁, 북아프리카 전선, 노르망디 상륙작전 등 전쟁이 있는 곳에 카파가 있었다. 노르망디 상륙작전 때는 피사체가 흔들린 상태의 상륙하는 병사 사진이 오히려 작전 당시의 긴박감을 잘 전해 준다는 평을 들으며 큰 반향을 일으켰다.

5월 24일, 1543년

코페르니쿠스 사망

1543년 5월 24일, 폴란드의 천문학자이자 수학자인 니콜라우스 코페르니쿠스가 사망했다. 그는 자신의 책 '천구의 회전에 관하여'에서 태양과 별이 지구를 중심으로 움직이고 있는 겉보기 운동과는 달리, 사실은 지구가 돌고 있다고 주장해 인류 역사상 가장 큰 변혁으로 불리는 '과학혁명'의 시작을 알렸다. 그의 사후 거의 500년 만에 유해가 발견돼 장례식이 폴란드에서 다시 치러졌다.

5월 25일, 1912년

조선 마지막 황녀 덕혜옹주 출생

1912년 5월 25일, 조선 제26대 왕 고종과 궁녀인 복녕당 양귀인 사이에서 조선의 마지막 황녀 덕혜옹주가 태어났다. 고종에게서 난 딸들은 모두 어려서 사망했기 때문에 덕혜옹주가 외동딸이었다. 그녀는 일제의 강요로 일본으로 건너가 쓰시마섬 도주의 후예인 다케유키와 결혼해 딸을 낳았으나 정신분열증이 심해져 이혼했고 정신병원에서 지냈다. 귀국 후에도 실어증과 지병으로 고생하다 89년 낙선재에서 76세를 일기로 세상을 떠났다.

5월 25일, 1935년

베이브 루스, 714호 홈런 기록
1935년 5월 25일, 피츠버그의 포브스 구장에서 보스턴 브레이브스의 선수 겸 부단장 베이브 루스가 3개의 홈런을 때렸다. 41세의 노장 루스는 특히 마지막 3번째에 당시까지 메이저리그 사상 가장 큰 183m의 장외 홈런으로 선수 생활을 마감하고 1주일 후 은퇴했다. 714개의 홈런 기록은 39년 후인 1974년이 돼서야 행크 애런이 깰 수 있었다.

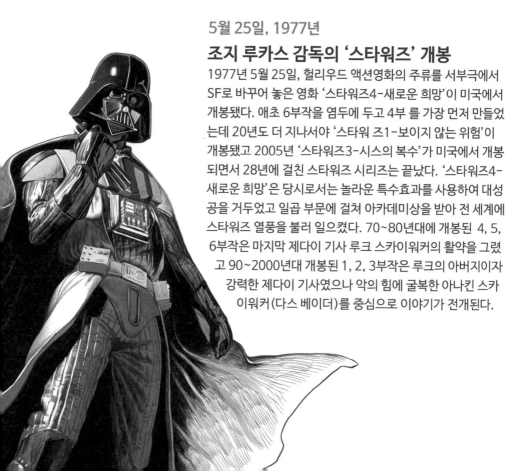

5월 25일, 1977년

조지 루카스 감독의 '스타워즈' 개봉

1977년 5월 25일, 헐리우드 액션영화의 주류를 서부극에서 SF로 바꾸어 놓은 영화 '스타워즈4-새로운 희망'이 미국에서 개봉됐다. 애초 6부작을 염두에 두고 4부를 가장 먼저 만들었는데 20년도 더 지나서야 '스타워즈1-보이지 않는 위험'이 개봉됐고 2005년 '스타워즈3-시스의 복수'가 미국에서 개봉되면서 28년에 걸친 스타워즈 시리즈는 끝났다. '스타워즈4-새로운 희망'은 당시로서는 놀라운 특수효과를 사용하여 대성공을 거두었고 일곱 부문에 걸쳐 아카데미상을 받아 전 세계에 스타워즈 열풍을 불러 일으켰다. 70~80년대에 개봉된 4, 5, 6부작은 마지막 제다이 기사 루크 스카이워커의 활약을 그렸고 90~2000년대 개봉된 1, 2, 3부작은 루크의 아버지이자 강력한 제다이 기사였으나 악의 힘에 굴복한 아나킨 스카이워커(다스 베이더)를 중심으로 이야기가 전개된다.

5월 26일, 1877년

'맨발의 이사도라' 출생

"어머니 자궁 속에서부터 나는 춤추었다. 나를 임신했을 때 어머니가 먹은 유일한 음식은 귤과 샴페인이고 그것은 바로 아프로디테의 음식이니까." 1877년 5월 26일, 미국 샌프란시스코에서 현대무용의 개척자 이사도라 덩컨이 태어났다. 삼류무용수로 살다 22세 때 가축수송선을 타고 유럽으로 건너간 그녀는 거의 옷도 걸치지 않은 채 맨발로 춤을 춰 전통 발레에만 익숙했던 유럽에 충격을 던졌다. "내 춤의 스승은 니체"라고 말하며 인간의 영혼을 가장 자유롭게 표현하는 예술로서의 춤을 확립했던 덩컨은 예술과 사랑만을 삶의 전부로 삼았지만 아이들과 연인은 모두 그녀를 저버렸고 그녀는 1927년 친구의 스포츠카 바퀴에 스카프 끝자락이 말려들어가 숨지고 말았다.

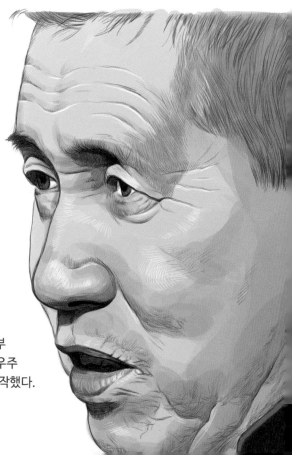

5월 26일, 2002년

임권택 감독, 칸 영화제 감독상

2002년 5월 26일, 한국의 영화감독 임권택이 제55회 칸 영화제에서 영화 '취화선'으로 미국의 폴 토머스 앤더슨 감독과 공동으로 감독상을 수상했다. 갓 20세 되던 해 밥을 굶지 않으려고 충무로에 뛰어든 중졸 출신의 임권택 역할은 소품 조수와 식사 심부름꾼이었다. 그는 1962년 감독으로 데뷔해, 1981년 '만다라'로 베를린영화제 경쟁부문에 진출했고 '씨받이'로 베니스영화제 여우주연상을 획득해 국제영화제에서 주목받기 시작했다.

5월 27일, 1964년

인도 초대 총리 네루 사망

1964년 5월 27일, 인도의 독립운동가이자 독립 후 초대 총리를 지낸 자와할랄 네루가 75세를 일기로 사망했다. 그는 1차 세계대전 때 인도의 독립을 약속받고 영국을 도왔지만 전쟁 후 약속을 어긴 영국을 상대로 독립 운동을 전개하여 9년간 9차례 감옥생활을 했다. 그는 감옥 생활 중 홀로 된 외동딸 인디라 간디에게 3년 동안 196회의 세계사 이야기를 편지로 보냈는데 이 편지를 엮은 책이 네루의 대표적 저서 '세계사 편력'이다. 딸 인디라 간디는 후에 인도 최초의 여성 총리에 오른다.

5월 27일, 1564년

종교개혁가 장 칼뱅 사망

프랑스의 종교개혁가 장 칼뱅이 1564년 5월 27일, 스위스 제네바에서 55세의 일기로 사망했다. 20대의 젊은 시절에 법학에서 신학으로 전향한 그는 에라스무스와 루터를 인용한 이단적 강연의 초고를 썼다는 이유로 박해와 도피의 나날을 보내다가 제네바로 초빙돼 본격적인 프로테스탄트의 이념을 전파하기 시작했다. 프로테스탄트는 '(가톨릭에) 반대하는 파'라는 의미다. 그는 가톨릭교회의 미사를 폐지하고 예배를 설교 중심으로 바꾸었다. 칼뱅의 사상은 엄격한 금욕생활, 인간의 구원은 신이 미리 정해놓았다는 예정설, 근면 성실과 건전한 이윤 추구를 주장하는 세 가지로 요약된다.

5월 28일, 1964년

팔레스타인 해방기구(PLO) 창설

1948년 5월, 2000년을 국토없이 유랑하던
유대인들이 이스라엘을 건국하자 기존의
거주지에서 쫓겨난 200여만 명의 팔레스
타인 난민들은 대이스라엘 무장투쟁을
전개했다. 그러나 범 아랍계의 연합에
도 불구하고 정규전에서 이스라엘에
게 패배한 그들은 1964년 5월 28일,
게릴라 조직을 정비하여 팔레스타인
해방기구(PLO)를 창설했다. 지도자
야세르 아라파트가 PLO의 새 의장
으로 선출됐고 1970년대에 각종 비
행기 납치와 서방국가들에 대해 무
차별 테러를 자행했다. 하지만 1988
년 독립 국가를 선포하면서 대통령으
로 추대된 아라파트는 내부 강경파의
반대에도 불구하고 미국이 주도하는
중동평화협상에 참여했고, 이스라엘
과 가자, 예리코시의 자치 협정안에
서명했다.

5월 29일, 1942년

빙 크로스비 '화이트 크리스마스' 녹음

1942년 5월 29일, 편안하고 밝은 분위기의 가수 겸
배우 빙 크로스비가 데카 레코드에서 '화이트 크
리스마스'를 녹음했다. 그의 대표곡인 이 곡이
담긴 음반은 세계적으로 1억장 이상이 팔린 초대박
상품으로 빙을 스타덤에 올려놓았다. 법학을 공부
했지만 연예계를 지망한 빙 크로스비는 미국 대중
음악계에서 냇 킹 콜과 함께 솜사탕 발라드의 달인
으로 통한다. 77년 "그는 노래를 좀 할 줄 아는 보
통 남자였다."라는 묘비명을 스스로 새기고 세상
을 떠났다.

5월 29일, 1912년

마라톤 선수 손기정 태어남

베를린올림픽 마라톤 금메달리스트 손기정
이 1912년 5월 29일 평안북도 신의주에
서 태어났다. 16세 때 중국 단둥의 회사
에 취직해 신의주~압록강철교~단둥
에 이르는 20여리 길을 매일 달려서
출퇴근했던 손기정은 전일본 마라
톤대회에서 우승했고 1936년 제11회
베를린올림픽대회에 참가해 2시간 29분
19초의 세계신기록으로 우승했다. 그와 함
께 뛰어 동메달을 딴 남승룡과 함께 시상대
에 오른 손기정은 침울한 얼굴로 고개를
숙인 채 손에 든 월계수나무로 입고 있
던 옷에 새겨진 일장기를 가렸다.

5월 30일, 1431년

프랑스의 성처녀 잔 다르크 화형

1431년 5월 30일, 프랑스를 구한 처녀 잔 다르크가 열아홉의 나이로 종교재판에 회부돼 마녀의 누명을 쓰고 화형당했다. 당시 프랑스 국왕 샤를6세가 죽으면 영국왕이 왕위를 계승하게 되는 위기 상황에서 신의 계시를 받은 잔 다르크는 영국군을 격파하고 프랑스에게 불리하던 백년전쟁의 전세를 결정적으로 역전시켰고 프랑스는 왕국을 지킬 수 있었다. 그녀를 죽음으로 이끈 종교재판은 영국의 보복과 프랑스의 방관 아래 치러진 한바탕의 정치적 쇼였다.

5월 31일, 2002년

2002 한일 월드컵 개막

2002년 5월 31일, 전 국민이 한마음으로 뭉쳐 열광했고 세계를 탄식하게 만들었던 2002 한일 월드컵이 역사적인 막을 올렸다. 17회를 맞은 월드컵은 사상 최초로 동양에서 열렸고 2개국이 공동개최하는 첫 대회였다. 이날 치러진 개막전에서 FIFA랭킹 1위인 프랑스가 42위 세네갈에 1대0으로 침몰되는 이변으로 파란의 장정이 시작됐다. 한국은 4강에 진출해 온 국민이 열광의 도가니에 빠졌고 응원단 '붉은 악마'의 물결은 세계의 주목과 갈채를 끌어냈다.

5월 31일, 1930년

클린트 이스트우드 출생

대공황의 그림자가 무겁게 드리우던 1930년 5월 31일, 미국 샌프란시스코에서 카리스마 넘치는 배우 클린트 이스트우드가 태어났다. 젊은 시절 이탈리아식 서부극인 스파게티 웨스턴의 총잡이와 매그넘 권총으로 악을 폭력으로 응징하는 더티 해리 캐릭터로 강렬한 이미지를 보여준 이스트우드는 미스테리 영화 '어둠 속에 벨이 울릴 때'로 감독의 길을 걷는다. 이후 그는 '용서받지 못한 자' '밀리언 달러 베이비' '그랜 토리노' 등을 연출하며 묵직한 주제의식과 삶의 성찰을 드러내는 영화로 할리우드의 살아있는 전설이 되고 있다.

1월
January

2월
February

3월
March

4월
April

5월
May

6월
June

6월 1일, 1958년

프랑스, 드골내각 성립

1958년 6월 1일, 1차와 2차 세계대전에 참전하여 혁혁한 공훈을 세운 샤를 드골이 내각을 결성하고 총리가 되어 프랑스 정권을 장악했다. 2차 세계대전의 종결 후 프랑스공화국 임시정부의 총리직에서 물러나 정계에서 은퇴한지 5년 만에 총리에 재선된 것이다. 그는 이듬해 국민투표로 프랑스 대통령에 오른다. 최근 프랑스 여론조사에서 '사상 최고의 영향력을 가진 역대 프랑스 정치가'에 드골 총리가 압도적 1위를 차지했다.

6월 1일, 1903년

우리나라 최초 팔미도 등대 점등

1903년 6월 1일, 한국 최초의 근대식 등대인 인천 팔미도 등대가 90촉광의 석유등을 밝혔다. 높이는 7.9m, 지름이 약 2m인 등대는 해발고도 71m의 팔미도 꼭대기에 세워져 10km 밖에서도 알아볼 수 있었다고 한다. 6·25전쟁 때는 인천상륙작전의 길잡이 역할을 한 팔미도 등대는 54년 자가발전 시설을 갖추고 백열등으로 불을 밝혔고 92년에는 태양광 발전 장치를 설치했다. 2003년 한국 등대 설치 100주년을 기념해 해양문화유산으로 지정돼 100년 동안 불을 밝혀 온 팔미도 등대는 영구 보존하게 되었다.

6월 1일, 1968년

기적의 여인 헬렌 켈러 사망

1968년 6월 1일, 보지도 듣지도 못했던 장애를 극복하고 장애자와 소외자 들의 권익 향상에 앞장섰던, 미국의 작가 겸 사회사업가 헬렌 켈러가 사망했다. 생후 19개월에 뇌막염으로 시각과 청각을 잃은 채 살던 헬렌 켈러는 7세 때 가정교사 앤 설리번을 만나 가르침을 받기 시작했다. 손바닥에 사물의 철자를 써 연상시키는 방식의 교육은 헬렌 켈러의 대학생활까지 줄곧 이어져 덕분에 헬렌은 레드클리프 대학에서 최초로 학사학위를 받은 시청각 장애인이 되었다. 그녀는 독일어를 비롯해 5개국의 언어를 구사했다고 한다. 앤 설리번의 인내와 사랑으로 장애를 극복한 헬렌은 진보적 사회운동을 실천하는 사회주의 지식인이 되어 자본주의와 인종차별 등 미국의 정책을 신랄하게 비판했다. 헬렌의 유해는 영원한 동반자였던 앤 설리번의 곁에 묻혔다.

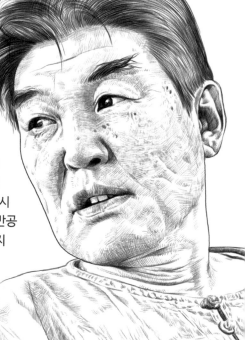

6월 2일, 1970년

시 '오적'으로 시인 김지하 구속

…서울이라 장안 한복판에 다섯 도둑이 모여 살
았것다. 재벌, 국회의원, 고급공무원, 장성, 장차
관이라 이름하는…

이 시에 등장하는 다섯 도둑은 모두 개 견 변을 두고
있다. 1970년 6월 2일, 이미 한 달 전에 '사상계'에
발표했던 담시 '오적'이 신민당 기관지에 전재됐고 시
인 김지하가 구속되고 사상계는 폐간됐다. 죄목은 반공
법 위반. 그러나 세계적인 구명운동이 이어졌고 김지
하는 3개월 만에 보석으로 풀려나면서 후일 회
고하듯이 "우리의 승리"로 마무리 됐다.

6월 2일, 1941년

영원한 4번 루 게릭 사망

1941년 6월 2일, 미국 메이저리그 야구 뉴욕 양키스의 루 게릭이 37세로 사망했다. 루는 보스턴 레드삭스에서 이적해 온 베이브 루스와 함께 '살인 타선'을 이루었고 14년 동안 2130경기 연속출장 기록을 세워 '철마'란 별명을 얻을 정도로 정교하고 힘 있는 타격을 보여준 강타자였다. 그러나 그는 35세에 근육이 점점 힘을 잃어가는 근위축성 측색 경화증으로 은퇴하여 불과 2년 후 사망한다. 훗날 이 병은 그의 이름을 따서 '루 게릭'병이라는 별칭이 붙었다. 양키스 구단은 그의 등번호 4번을 영구 결번으로 지정했다.

GREK ZORBA

6월 3일, 2001년

배우 앤서니 퀸 사망

2001년 6월 3일 150편이 넘는 영화에서 거친 남성적 캐릭터로 선 굵은 연기를 보인 배우 앤서니 퀸이 유명을 달리했다. 멕시코에서 태어나 미국으로 이주해 10세 때부터 소년 가장으로 온갖 밑바닥 직업을 전전했던 그는 엘리아 카잔 감독의 눈에 띄어 '혁명아 사파타'에 출연, 아카데미 조연상을 수상하며 주목을 끌기 시작했다. 영화 '길'의 차력사 잠파노와 '희랍인 조르바'의 자유로운 영혼 조르바 역할은 그가 아니면 상상할 수 없는 배역이다. 노년에 회화와 조각 등 미술에 몰두하여 작품성을 인정받았던 그에게 1987년 아카데미상은 평생 공로상인 세실 B. 데밀 상을 헌정했다.

6월 3일, 1924년

소설가 프란츠 카프카 사망

1924년 6월 3일 체코 출신의 소설가 프란츠 카프카가 빈 교외의 킬링 요양원에서 폐결핵으로 사망했다. 이때 나이 41세. 프라하의 유태인 가정에서 태어난 그는 프라하 대학에서 법학을 공부했지만 문학에 대한 열정을 감출 수 없었다. 그의 작품은 독일어 산문 문학 중 가장 명료하고 아름다운 것으로 평가받고 있다. 인간의 부조리와 인간존재의 불안 등을 날카롭게 통찰해 현대 인간의 실존적 체험을 극한에 가깝게 표현한 그의 작품들은 사르트르와 카뮈에 의해 실존주의 문학의 선구자로 높이 평가받았다. 소련공산당은 '절망과 불안을 조장하는 부르주아 퇴폐 반동 작가'라는 이유를 들어 그의 작품을 오랫동안 금기시했으나 1964년 해금됐다. 그의 작품으로는 장편소설 '성', 중편 '변신', 미완성 장편 '심판' 등이 있다.

6월 4일, 2002년

한국, 월드컵 출전 48년 만에 첫 승

1954년 스위스에서 월드컵 본선에 오른 이래 4무 10패의 치욕적인 성적을 냈던 한국 축구 대표팀이 2002년 6월 4일 드디어 1승을 거두었다. 이날 한국은 부산에서 벌어진 2002한일월드컵 축구대회 D조 첫 경기에서 유럽의 강호 폴란드를 시종 압도한 끝에 황선홍과 유상철의 골로 2대 0 쾌승을 거머쥐었다. 전반 26분 경 이을용이 왼쪽에서 강하게 밀어준 볼에 황선홍이 가볍게 갖다 댄 왼발 슛이 폴란드 골대를 갈랐고, 다시 후반 8분 유상철이 아크 정면에서 통렬한 오른발 중거리 슛을 날려 두 번째로 골대를 흔들면서 부산 주경기장은 열광의 도가니에 빠졌다. 이후 한국은 승승장구를 거듭하며 월드컵 4강 진출의 기쁨을 맛보았다.

6월 4일, 1906년

선비 최익현 의병을 일으키다

1906년 6월 4일 74세의 노유 면암 최익현이 전북 태인의 무성서원에서 항일의병을 일으켰다. 최익현은 호조참판에서 물러난 뒤 병자수호조약을 결사반대해 도끼를 지니고 상소를 올려 흑산도에 유배됐고 을미사변 후 항일운동을 전개하여 을사 5적의 처단을 주장한 바 있었다. 선생은 8백여 명으로 불어난 의병대와 함께 정읍, 순창으로 밀고 나갔으나 의병을 해산하라는 고종의 칙지에 남원에서 통분의 해산을 한 후 대마도에 감금됐고 이듬해 1월 1일 단식 끝에 순국했다.

6월 4일, 1798년

카사노바 사망

1798년 6월 4일 베니스 출신의 쾌락주의자 조반니 자코모 카사노바가 체코의 둑스성에서 73세로 숨졌다. 죽기 전 탈고한 자서전은 노골적인 애정 묘사로 생전에 출간되지 못했다. 18세에 법학박사가 됐고 40여 권의 저서를 남길 정도로 박식했던 카사노바. 전 유럽을 돌아다니며 100명이 넘는 여성과 위험한 유희를 벌였던 그는 자서전 서문에서 "나는 느낀다. 고로 존재한다"는 여성관을 피력했다.

6월 5일, 1910년

작가 오 헨리 사망

따뜻한 유머와 깊은 페이소스, 그리고 의외의 결말로 독자의 의표를 찔렀던 '마지막 잎새'의 작가 오 헨리가 1910년 6월 5일 뉴욕에서 간경화증으로 48세의 나이에 세상을 떠났다. 어려서 양친을 잃어 학교교육을 제대로 받지 못한 채 갖가지 직업을 경험한 그는 주간지와 지방신문에서 문필생활을 시작했으나 공금횡령 혐의로 남미로 도망갔다가 아내의 중환 소식에 돌아와 감옥에 갔다. 감옥생활 중에 단편소설을 쓰기 시작해 석방 후 10년 간 300편 가까운 작품을 발표해 최고의 인기작가가 됐다.

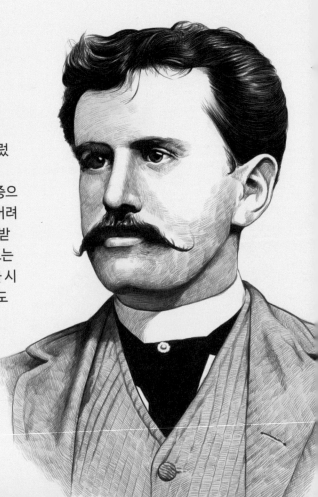

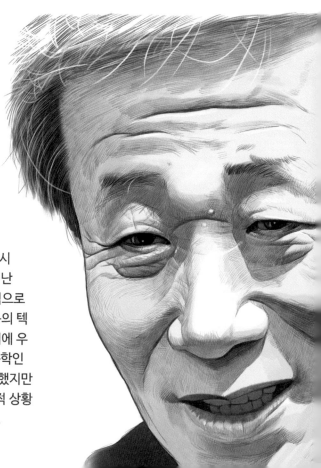

6월 5일, 1978년

조세희 '난쏘공' 출간

1978년 6월 5일, 작가 조세희가
등단 10년 만에 쓰기 시작한 연작
소설 '난장이가 쏘아올린 작은 공'
이 단행본으로 출간됐다. 서울특별시
낙원구 행복동 무허가 주택에 사는 난
쟁이 일가의 파멸을 서정적, 상징적으로
묘사한 이 소설은 80년대 노동운동의 텍
스트가 됐다. 산업개발이 모든 가치에 우
선했던 한국 사회의 통렬한 고해 문학인
'난쏘공'은 2005년 200쇄를 돌파했지만
저자는 그때나 지금이나 인간소외적 상황
은 변함이 없어 보인다고 증언한다.

6월 6일, 1965년

'7년만의 외출' 개봉

1965년 6월 6일 뉴욕
에서 마릴린 몬로 주연
의 영화 '7년만의 외출'
이 개봉됐다. 이 영화의 감
독 빌리 와일러는 몬로의 매력
을 '육체의 충격'이라고
표현했다.

지하철 통풍구에서
회오리쳐 올라오는 바
람에 들추어져 날렸던 몬
로의 흰 드레스는 2011년
460만 달러에 팔렸다.

6월 7일, 1895년

마르코니, 무선통신 성공

1895년 6월 7일, 이탈리아의 아마추어 발명가 굴리엘모 마르코니가 집에서 3.2km 떨어진 곳에 전선도 없이 전파신호를 전송하는데 성공했다. 그로부터 불과 5년 뒤에 27세의 마르코니는 대서양을 가로질러 영국에서 캐나다까지 무선으로 문자를 보내게 된다. 당시 과학자들은 지구는 둥글고 전파는 직진하기 때문에 무선통신은 불가능하다고 생각했지만 둥근 대기 상층부에 전파를 반사시켜 주는 전리층이 있어 전파가 전달될 수 있었던 것이다. 마르코니는 무선통신의 발명으로 1909년 노벨 물리학상을 탔지만 전리층은 그의 실험 후 20년이 지나서야 발견됐으니 그는 '자신의 업적에 대해 이론적으로 가장 적게 이해하고 성공한 발명가'로 역사에 남았다. 오늘날 우리는 휴대전화와 무선인터넷, GPS 등 숱한 무선통신에 둘러싸여 있다.

6월 7일, 1954년

비운의 컴퓨터 천재 튜링 자살

1954년 6월 7일, 현대식 컴퓨터의 알고리
즘을 창안하고 최초의 연산컴퓨터 '콜로서
스'를 만든 영국의 수학자겸 암호 해독가인
앨런 튜링이 청산가리를 주사한 사과를 먹
고 자살했다. 당시 범죄로 인식되던 동성애
자로 체포되어 1년 동안 화학적 거세를 받
던 중이었다. 튜링의 컴퓨터 콜로서스는
흔히 세계 최초의 컴퓨터라 불리는 에니악
보다 2년이나 앞선 것이었으나 영국 정부
의 우유부단함 때문에 잊혀졌다. 타임
지는 튜링을 '20세기 가장 위대한
과학자' 중 한 사람으로
선정했다.

6월 8일, 632년

이슬람교 창시자 무함마드 사망

632년 6월 8일 고대 아라비아의 예언자이자 이슬람교의 창시자 무함마드가 숨을 거두었다. 이슬람 신앙을 포교하기 위해 아라비아 반도 대부분을 무력으로 통일한 뒤였다. 일찍이 부모를 잃고 조부와 삼촌의 손에 키워진 무함마드는 목동 일을 하다 고용주이던 15세 연상의 부유한 과부 하디자와 결혼해 풍족한 생활을 누리게 된다. 그러나 계속된 아들의 죽음에 고민과 사색에 잠겨 진리를 찾던 중 히라산 동굴에서 유일신 알라의 계시를 받고 알라의 사자가 됐다. 아내를 최초의 무슬림으로 만든 그는 갖은 역경을 뚫고 이슬람교를 완성시켰다.

6월 8일, 1689년

송시열 사약을 받다

1689년 6월 8일, 조선 후기의 정치가·사상가이자
노론의 영수인 우암 송시열이 숙종이 내린 사약
을 마시고 사망했다. 조광조와 함께 조선을 대
표하는 유학자인 송시열은 주자와 율곡의 학통
을 계승했고 효종의 북벌계획의 후원자였다.
그러나 효종의 갑작스러운 죽음 후 제자
윤증과의 불화와 예송논쟁 등으로
유배와 복귀를 거듭하다가 83
세의 나이에 정읍에서 사약
두 사발을 마시고 죽는다.
그는 송자대전 등 방대한
저술을 남겼고 전국 23
개 서원에 제향됐다.

6월 8일, 1949년

오웰 '1984년' 출간

1949년 6월 8일 영국의 소설가 조지 오웰의 장편소설 '1984년'이 런던에서 출간됐다. 극단적 전체주의 사회의 독재자 '빅 브라더'가 온갖 정보기술을 동원해 국민의 사생활을 감시하고 사회를 통제하는 디스토피아의 세계를 그리고 있다. 공산주의와 나치즘의 제도에서 소재를 인용한 이 작품은 때마침 냉전의 분위기를 타고서 출판 후 1년 사이에 영국과 미국에서만 약 40만 부가 팔렸으며, 세계 각국에서 번역 출간되었다. 마치 예언이라도 한 것처럼 현대 사회의 발전과정과 그 속성을 꿰뚫고 있었으며 한 발짝 앞서 시대와 함께 숨 쉬는 현대의 고전으로 평가받고 있다.

6월 9일, 2007년

'양신' 양준혁, 프로야구 첫 2000안타

2007년 6월 9일 프로야구 삼성 라이온스의 타자 양준혁이 9회 초 마지막 공격 기회에서 두산의 이승학 투수를 상대로 초구를 공략, 중견수 왼쪽 앞에 떨어지는 클린 히트를 터뜨려 통산 2000개의 안타를 기록했다. 특유의 만세타법으로 신인왕, 타격왕, 최다 홈런 등 '기록의 사나이'라는 명성을 떨친 양준혁은 2010년 9월 은퇴 경기를 치르며 선수 생활을 마감했고 그의 등번호 10번은 삼성 라이온스에서 2번째로 영구 결번이 됐다.

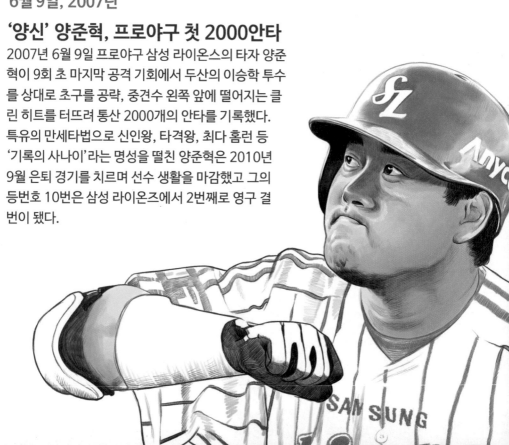

6월 9일, 1987년

이한열 열사 쓰러지다

1987년 6월 9일 연세대에서 열린 '6.10대회 출정을 위한 연세인 결의대회' 후 시위 과정에서 이 학교 학생 이한열 열사가 전투경찰이 쏜 최루탄에 뒷머리를 맞고 쓰러졌다. 이 후 이한열 열사는 한 달여 동안 죽음과 싸우다 7월 5일 스물두 살의 나이에 사망했다. 7월 9일 치러진 '고 이한열 열사 민주국민장'은 연세대 본관에서 서울시청을 거쳐 광주 5.18묘역까지 이어졌다. 이한열 사건은 박종철 고문치사사건의 진상이 밝혀진 지 얼마 안 있어 발생한 일이어서 파장이 매우 컸다. 국민들의 항쟁은 걷잡을 수 없이 번져 전국 33개 도시에서 하루 100만여 명이 시위를 벌이는 등 이른바 '6월 항쟁'의 불길이 거세게 일었다. 정부는 시국을 수습하기 위해 결국 6·29 선언을 통해 대통령 직선제 개헌을 발표한다.

6월 10일, 기원전 323년

알렉산드로스 대왕 사망

"내가 죽거든 손을 무덤 밖으로 나오 게 묻어서 세계를 정복했던 알렉산더 의 손도 결국 떠날 때에는 빈손이라는 것을 보여주도록 하시오"

기원전 323년 6월 10일, 역사상 유례없 는 대제국을 건설한 마케도니아의 알렉 산드로스 대왕이 원정지 바빌론에서 사 망했다. 끊임없는 정신적·육체적 과로, 국사에 대한 엄청난 중압감, 장기간의 행군과 심각한 부상 등으로 원기가 소 진되어 걸린 열병이 원인이었다. 이때 나이 불과 33세. 약관 20세의 나이로 동방 정복에 나선 이후 단 한 번도 전투 에서 패하지 않은 그가 갖는 역사적 의 의는 만민의 평등과 협조에 바탕을 둔 세계국가 이념이다.

6월 11일, 1898년

중국 변법자강운동 개혁안 채택

1898년 6월 11일 청일전쟁의 패배 후 망국의 위기를 절감한 캉유웨이, 량치차오 등 청나라의 젊은 지식인들은 선진 무기와 기술만을 도입하려는 양무운동의 한계를 깨닫고 제도, 정치, 교육 전반을 급진적으로 혁신하려는 개혁을 황제의 후원 하에 실시했다. 그러나 서태후의 집권으로 이 개혁은 좌절되고 캉유웨이 등은 망명했으니 민중 기반이 없는 관료주의적 혁명의 한계를 보여준 안타까운 사례였다.

캉유웨이
(1858~1927)

6월 11일, 1979년

존 웨인, 영원한 서부로 떠나다

1979년 6월 11일 미국 서부극 영화의 영웅
존 웨인이 10여 년간 암 투병 끝에 72세의
나이로 사망했다. 190cm가 넘는 장신으로
고교시절 미식축구 스타이기도 했던 그는
20세기 폭스사에서 소품 담당자로 일하다
가 거장 존 포드 감독을 만나면서 훗날 대
스타로 도약하는 계기를 마련했다. 10년간
수십 편의 2류 서부영화에 출연했던 웨인을
존 포드 감독이 걸작 〈역마차〉의 링고 키드
역으로 발탁하여 단번에 스타의 자리로 도
약했다. 무뚝뚝하면서도 강인한 미국적인
남성상과 고독한 영웅의 이미지로 일세를
풍미한 웨인은 스크린 밖에서도 강경 보
수주의자로 유명했다. 1970년 〈진정한 용
기〉로 아카데미 남우주연상을 받았던
웨인은 40년간 250여 편의 영화에 출연
해 미국식 정의와 민주주의를 수호하
고서 스크린을 떠나갔다.

6월 12일, 1965년

롤링 스톤스, 빌보드 100 진입

1965년 6월 12일 영국 출신 록밴드 롤링 스톤스의 노래 'Satisfaction'이 미국 빌보드 차트 100위권에 처음 진입했다. 이후 14주간 차트에 머물며 4주 연속 1위를 차지한 이 노래 덕분에 롤링 스톤스는 슈퍼스타가 된다. 불만에 찬 듯한 눈매에 커다란 입으로 내뱉듯이 노래하는 믹 재거와 동물적 리듬으로 기타를 연주하는 키스 리처드는 비틀스의 존 레논과 폴 매카트니에 버금가는 콤비로 최고의 인기를 누린다.

6월 12일, 1991년

러시아 최초 대통령 탄생

1991년 6월 12일 러시아 연방공화국의 첫 직선대통령선거가 실시돼 보리스 옐친 최고회의 의장이 득표율 57%로 당선됐다. 불과 6년 전인 1985년 중앙정치무대에 등장했던 옐친은 급진개혁정책만이 정체된 러시아에 활력을 불어넣고 경제적 어려움을 극복할 수 있다고 주장하며 미하일 고르바초프의 온건개혁정책을 비판했다. 그는 당선 후 2달 만에 일어난 보수파 공산주의자들의 쿠데타를 물리쳤고 소비에트 연방의 해체와 독립국가연합의 결성을 선언했다.

6월 13일, 1966년

'미란다 원칙' 고지 의무화 판결

1966년 6월 13일 18세 소녀를 납치해 강간한 혐의로 경찰에 연행돼 30년 형을 선고받았던 23세의 멕시코계 청년 어네스토 미란다가 미국 연방대법원에서 무죄판결을 받았다. 경찰로부터 묵비권과 변호사의 도움을 받을 권리를 사전에 듣지 못했다는 이유였다. 우리나라 경우 미국과 차이는 있으나 근본정신은 같은 미란다 원칙이 1997년 1월에 도입됐다.

6월 13일, 1865년

시인 예이츠 태어나다

아일랜드의 문예부흥을 이끈 시인 겸 극작가
윌리엄 예이츠가 1865년 6월 13일 더블린에서
태어났다. 1923년 노벨문학상 수상.

하늘의 천

내게 금빛과 은빛으로 짠 하늘의 천이 있다면
어둠과 빛과 어스름으로 수놓은
파랗고 희뿌옇고 검은 천이 있다면
그 천을 그대 발밑에 깔아드리련만
나는 가난해서 가진 것이 꿈뿐이라
내 꿈을 그대 발밑에 깔아놓았으니
사뿐히 밟으소서, 그대 밟는 것 내 꿈이오니.

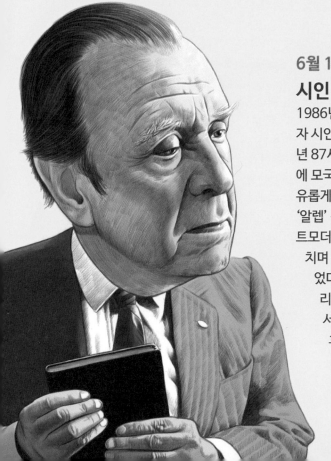

6월 14일, 1986년

시인 겸 소설가 보르헤스 사망

1986년 6월 14일 아르헨티나의 소설가이
자 시인, 평론가인 호르헤 보르헤스가 향
년 87세로 사망했다. 영국계 할머니 때문
에 모국어인 스페인어 보다 영어를 더 자
유롭게 구사한 보르헤스는 단편 '픽션들'
'알렙' 등으로 환상적 리얼리즘과 포스
트모더니즘 문학의 발달에 큰 영향을 끼
치며 유럽과 미국의 문학에 충격을 주
었다. 후안과 에바 페론 부부의 포퓰
리즘에 반대하여 근무지인 시립도
서관에서 쫓겨났다가 정권이 바뀐
후 국립도서관장이 되었으나 이때
그는 이미 유전적 집안내력으로
거의 실명한 후였다.

6월 14일, 1938년

슈퍼맨, '액션 코믹스'에 공식 데뷔

1938년 6월 14일 미국의 만화잡지 '액션 코믹스 #1'에 푸른색의 전신 타이즈 의상에 빨간 망토를 두른 외계인 영웅 슈퍼맨이 등장했다. 고교단짝이던 만화가 제리 시겔과 조 슈스터가 이미 6년 전 창조했던 캐릭터가 비로소 공식적으로 데뷔한 셈이다. 평소엔 데일리 플래닛사의 신문기자로 일하는 어리버리한 성격의 '클라크'가 사건이나 재난이 발생하면 슈퍼맨으로 변신하는 이 히어로 캐릭터는 이후 배트맨, 스파이더맨, 아이언맨 등 미국에서 수없이 탄생하는 슈퍼 히어로의 원조 격이 됐다.

6월 14일, 1928년

영원한 혁명가 체 게바라 출생

1928년 6월 14일 영원한 혁명가 체 게바라가 아르헨티나에서 태어났다. 중산층에서 태어난 게바라는 부에노스아이레스 의과대학을 졸업한 후 의사의 길을 걷다가 남미의 사회적 불평등과 빈곤을 해소하는 유일한 방법은 혁명이라 확신하고, 멕시코에서 피델 카스트로를 만나 쿠바 혁명에 동참, 성공시켰다. 그러나 그는 카스트로와 달리 쿠바가 자본주의도 공산주의도 아닌 제 3의 길을 찾아야 한다고 생각했다. 아프리카 콩고에서의 혁명 지원활동이 실패한 후 남미 최빈국 볼리비아에서 다시 혁명을 꿈꿨으나 1967년 전투 중 총탄을 맞고 체포돼 사살됐다. 사르트르가 '그 시대의 가장 완전한 인간'이라고 평가했듯이 그는 완벽한 인간상을 추구한 '영원한 혁명가'였다.

6월 15일, 2000년

'6·15 남북공동선언' 발표

김대중 대통령의 역사적인 평양 방문 사흘째인 2000년 6월 15일 평양에서 남과 북의 최고 지도자가 6·15 공동선언문을 공식발표했다. 대한민국 김대중 대통령과 조선민주주의인민 공화국 김정일 국방위원장은 남과 북의 적대적 대결상태를 종식하고 평화공존의 새로운 한 반도 질서로 전환하여 자주적 통일, 이산가족 문제 해결, 경제협력을 통한 남북한 교류 활성 화 등을 합의 발표했다. 그러나 두 정상이 모두 사망한 지금, 남북 관계는 다시 반목과 질시의 안개에 싸여 앞을 가늠할 수 없는 나날이 이어지고 있다.

6월 15일, 918년

왕건, 새 나라 고려를 개국

918년 6월 15일, 후고구려의 장수로 출세가도를 달리던 송악출신의 호족 왕건이, 왕으로 모시던 궁예의 독단적인 공포정치에 항거해 궁예를 축출하고 고려를 건국했다. 고려를 세운 후에도 왕건은 당시 최대의 맞수였던 후백제의 견훤과의 세력 다툼에서 죽을 뻔 한 위기도 여러 차례 겪었으나 견훤이 왕실의 내분으로 아들 신검에게 쫓겨 투항해오자 그와 함께 936년 9월에 후백제를 무너뜨리고 마침내 후삼국을 통일하였다.

6월 15일, 1942년

카뮈, 소설 '이방인' 출판

1942년 6월 15일 프랑스 갈리마르 출판사에서 알베르 카뮈의 소설 '이방인'이 출판됐다. 파리가 아닌 프랑스 식민지 알제리에서 태어난 카뮈는 빈곤 속에서 자랐지만 알제대학교 철학과에서 평생의 스승 장 그르니에를 만나 인간 존재의 부조리함과 고민을 토해낼 수 있었다. 독일 점령하의 프랑스에서 발표한 '이방인'은 발표되자마자 카뮈를 일약 문단의 총아로 만들었다. '이방인'은 주인공 뫼르소가 부조리한 세상에 대해 완전 무관심한 태도로 살다 살인을 범하고 사형을 선고받아 죽음에 직면해서야 비로소 삶의 의미와 행복을 깨닫는다는 이야기다. 카뮈는 1957년 노벨문학상을 받고나서 장편 '최초의 인간'을 집필하기 시작했을 때, 자동차 사고로 죽었다.

6월 16일, 1968년

시인 김수영 사망

1968년 6월 16일 자유와 저항의 시인 김수영이 버스에 치어 적십자병원 응급실에서 타계했다.

풀

풀이 눕는다.
비를 모아 오는 동풍에 나부껴
풀은 눕고 드디어 울었다
날이 흐려서 더 울다가
다시 누웠다

풀이 눕는다
바람보다도 더 빨리 눕는다
바람보다도 더 빨리 울고
바람보다 먼저 일어난다

날이 흐리고 풀이 눕는다
발목까지
발밑까지 눕는다
바람보다 늦게 누워도
바람보다 먼저 일어나고
바람보다 늦게 울어도
바람보다 먼저 웃는다
날이 흐리고 풀뿌리가 눕는다

6월 16일, 1963년

테레시코바, 우주로 날아간 최초의 여성이 되다

1963년 6월 16일 러시아의 우주선 보스토크 6호가 성공적으로 발사돼 우주로 진입했다. 조종사는 26세의 여성 발렌티나 테레시코바. 그녀는 17세부터 타이어공장과 방직공장에서 일한 평범한 여성노동자였는데 취미가 '낙하산 타기'였다. 1인 우주비행선인 보스토크 6호를 타고 우주로 날아오른 테레시코바는 70시간 50분 동안 지구를 48바퀴 선회한 뒤 지구로 무사 귀환해 1961년 보스토크 1호의 가가린 이래 또 한 번 미국에 좌절감을 안겼다.

6월 17일, 1995년

소설가 김동리 작고

'화랑의 후예' '무녀도' '역마' '황토기' '등신불' '사반의 십자가' 등 숱한 문제작으로 광복 후 민족주의 문학 진영을 이끌었던 소설가 김동리가 1995년 6월 17일 사망했다. 좌익문단의 현실 참여문학에 대항해 순수문학과 신인간주의 문학으로 일관하며 우익 민족문학을 대표해왔던 그는 고유의 토속성과 외래 사상과의 대립을 통해 샤먼적 운명과 인간성의 문제를 그렸다. 그의 작품들은 주제, 문체, 구성에 있어 높은 평가를 받았으나 철저한 보수주의자로서 활동한 정치적 행보에 대해서는 논란이 많았다.

6월 17일, 1885년

자유의 여신상 뉴욕 도착

1885년 6월 17일 자유의 여신상이 프랑스 군함인 이제르에 실려 미국의 뉴욕에 도착했다. 미국 독립 100주년을 기념하기 위해 프랑스의 국민과 정부가 기증한 자유의 여신상은 미국에서 준비한 받침대까지 합친 높이가 93.5m, 무게 225t이다. 설계는 프랑스 조각가 프레데릭 바르톨디, 분해와 조립을 맡은 사람은 에펠탑을 건축한 귀스타프 에펠이었다. 여신상의 공식 명칭은 '세계를 밝히는 자유'. 프랑스와 미국 두 나라의 우정의 상징인 자유의 여신상은 전 세계에 미국을 나타내는 심벌이 되었고 1984년 유네스코 세계문화유산으로 등재됐다.

6월 18일, 1815년

나폴레옹, 워털루전투 패배

1815년 6월 18일 벨기에 남동부의 평원 워털루에서, 유럽을 호령하다 러시아에서의 패전으로 엘바섬에 유배된 후 탈출해 황제가 됐던 나폴레옹 보나파르트가 프로이센과 영국 웰링턴 공작의 연합군에게 대패했다. 이날 패배로 나폴레옹의 재집권은 백일천하로 끝나고 대서양의 외딴 섬 세인트헬레나에 다시 유배된 나폴레옹은 51세의 나이로 생을 마감했다.

6월 18일, 1989년

'갈색 폭격기' 차범근 은퇴

1989년 6월 18일 차범근 선수가 서독 레버쿠젠에서의 축구선수 생활을 마감하고 은퇴했다. 서독 분데스리가 기록은 308 경기 출장에 98득점으로 외국인 선수 중 최다출장, 최다득점 기록이다. 1978년 연말, 단신으로 서독에 건너가 프로축구 팀 입단테스트를 받은 뒤 다음해 7월 프랑크푸르트 팀에 정식 입단하여 연봉 6천 6백만 원에 계약했다. 입단 첫해 12골을 터뜨리며 소속팀을 UEFA(유럽축구연맹) 컵 우승팀으로 끌어올려 '갈색 폭격기'란 별호를 얻었다. 1983년 레버쿠젠으로 이적하면서 이적료 4억5백만 원에 연봉 1억 6천만 원으로 동양인 최고의 예우를 받고 '차붐'이라는 애칭과 함께 서독 축구팬들의 열광적인 사랑을 받았다.

6월 19일, 1846년

최초의 야구 경기가 열리다

1846년 6월 19일 뉴저지주의 호보켄에서 열린
최초의 야구 경기에서 '뉴욕 나인'팀이 '니커보
커스'팀을 4이닝 동안 23대 1로 이겼다. 방망
이와 공을 이용하는 경기는 영국에서 크리켓,
원홀 캣, 라운더스 등 여러 종류로 발전했는데
아메리카 대륙으로 옮겨온 후 뉴욕시의 서적
상이자 소방봉사자인 알렉산더 카트라이트가
야구의 기초적인 규칙을 발명해 오
늘날 현대 야구로 진화하게 됐다.
1953년 미국 의회에서 공식적
으로 카트라이트를 현대 야구의
창시자로 공표해 그는 '야구의
아버지'로 불린다.

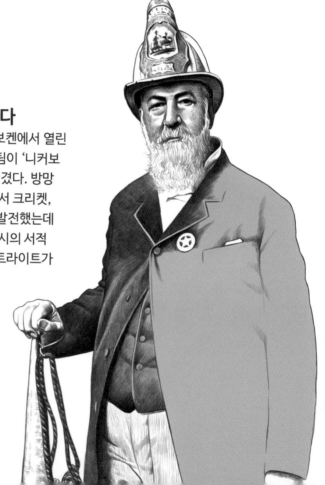

6월 19일, 1623년

파스칼 태어나다

1623년 6월 19일 프랑스의 수학자이자 철학자인 파스칼이 태어났다.

"인간은 자연에서 가장 약한 갈대이다. 그러나 그것은 생각하는 갈대이다. 그것을 으스러뜨리기 위해 온 우주가 무장할 필요는 없다. 한 줄기 바람, 한 방울 이슬로도 그것을 죽일 수 있다. 그러나 우주가 그를 으스러뜨린다 해도, 인간은 한층 더 고귀해질 것이다. 왜냐하면 그는 자신이 죽는다는 것과 우주가 자신보다 강하다는 걸 알기 때문이다. 우주는 그런 것을 전혀 알지 못한다."

〈팡세〉 중

6월 20일, 1837년

빅토리아 영국 여왕 즉위

1837년 6월 20일 '해가 지지 않는 나라' 라는 명성을 이룩한 영국의 빅토리아 여왕이 18세의 나이로 왕위에 올랐다. 18세기 후반 세계에서 가장 먼저 시작한 산업혁명을 원동력으로 빅토리아 시대는 유례없이 정복과 번영의 전성기를 이루고 자본주의 선진국이 되었으며 '군림하되 통치하지 않는다.'는 원칙에 따라 오늘날의 영국 군주 패턴을 확립했다. 그러나 다른 한편으로 빅토리아 시대의 영광은 인도를 비롯한 약소국을 식민지로 삼고 사회 하층민의 희생을 바탕으로 한 착취의 덕분이었다는 어두운 이면도 존재하는 것이 사실이다.

6월 20일, 1975년

영화 '조스' 개봉

1975년 6월 20일 피터 벤츨리의 베스트셀러 소설을 원작으로 무명의 신인 감독 스티븐 스필버그가 만든 영화 '조스'가 최초로 미 전역의 409개 극장에서 동시 개봉됐다. 누구나 이해할 수 있는 심플한 스토리와 선명한 시각적 이미지, 대규모 광고와 마케팅의 도입으로 조스는 '블록버스터의 아버지'로 꼽히며 영화사의 새 패러다임을 만들어냈다. 손가락 2개로 피아노의 저음부 건반을 반복해 눌러 테마음악을 작곡한 존 윌리엄스의 천재성에 힘입어 스필버그는 일약 세계적 감독의 대열에 올라섰다.

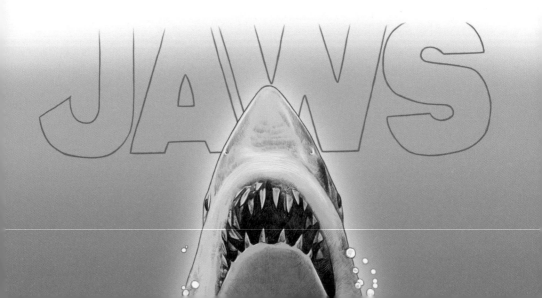

6월 21일, 1527년

르네상스인 마키아벨리 사망

1527년 6월 21일 르네상스 시대 이탈리아의 사상가, 정치철학자인 니콜로 마키아벨리가 58세를 일기로 사망했다. 이탈리아의 도시국가인 피렌체의 가난한 집안 출신인 마키아벨리는 20대에 이미 공화정의 내정, 군사, 외교 방면에서 크게 활약한 천재였다. 그는 저서인 '군주론'에서 국가이익을 위해서는 어떠한 수단도 용인돼야 하며, 정치는 도덕이나 종교로부터 자유로워야 한다고 주장해 격렬한 반발을 불러일으켰고 500년 가까이 지난 현재도 논쟁은 끝나지 않고 있다.

6월 21일, 1935년

프랑수아즈 사강 출생

1935년 6월 21일 현대 프랑스에서 가장 많은 독자를 가진 작가로 알려진 소설가 프랑수아즈 사강이 태어났다. 파리 소르본대학 문학부에 다니던 19세 때 겨우 2주일 만에 써서 발표한 소설 '슬픔이여 안녕'이 유례없는 베스트셀러가 되면서 프랑스 문단에 큰 반향을 일으켰다. 홀아비 아빠의 로맨스를 질투한 10대 소녀의 미묘한 심리를 탁월하게 묘사한 이 작품 이후 '어떤 미소' '브람스를 좋아하세요' '뜨거운 연애' 등을 발표한 사강은 2004년 심장과 폐 질환으로 사망했다.

6월 22일, 1633년

갈릴레오 갈릴레이 지동설 철회

1633년 6월 22일 천문학자이자 물리학자, 수학자였던 이탈리아의 갈릴레오 갈릴레이가 자신이 주장해 왔던 지동설을 철회했다. 갈릴레이는 자신이 발명한 망원경으로 달에 산과 계곡이 있고 목성도 위성을 갖고 있다는 것 등 새로운 사실들을 밝혀내 코페르니쿠스의 지동설이 옳음을 확립했다. 그러나 천동설을 지지하던 교황청의 압력에 견디지 못한 그는 지동설을 거두어들였고 그의 책은 200여 년간 금서로 지정됐다. 지동설 철회 후 그가 말했다는 "그래도 지구는 돈다"는 독백은 진위가 확실치 않다.

6월 22일, 2009년

오바마 담배규제법 서명

2009년 6월 22일 미국의 버락 오바마 대통령이 미국 역사상 가장 강력한 담배규제법에 서명했다. 수십 년 동안 담배를 피웠고 금연을 약속하고도 실패를 반복한 오바마 대통령은, 그래서 더욱 담배산업 규제에 적극적으로 나선 것이다. 그는 법안 서명 전 연설에서 "흡연자의 90%가 18세 이전에 흡연을 시작하는데, 담배회사들의 공세적 마케팅의 표적이 되고 있기 때문"이라고 말했다.

6월 22일, 1941년

독일, 소련에 선전포고

1941년 6월 22일 오전 5시 30분, 독일 선전장관 괴벨스가 라디오를 통해 히틀러의 대 소련 선전포고를 발표했다. 이미 육전사상 최대규모인 300만 명의 독일 군이 전차 등을 앞세워 진격을 개시한 후였다. 히틀러는 129년 전 나폴레옹이 러시아를 침공한 그 날을 선택했는데 나폴레옹이 이루지 못한 것을 해내겠다는 야심이었다. 스탈린은 이를 예측하지 못했고 독일군은 파죽지세로 진격해 6개월 동안 400만 명의 러시아 군을 포로로 만들었다. 그러나 겨울이 다가오면서 독일군은 모스크바를 코앞에 두고 겨울을 이용하는 소련군 작전에 말려들어 소련의 주코프 대장이 이끄는 1백 개 사단병력의 대반격에 개전 이래 처음으로 큰 패배를 맛보았고, 이때부터 히틀러는 패망의 길을 걷기 시작했다.

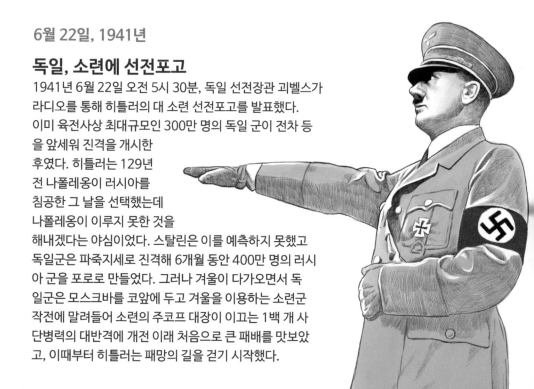

6월 23일, 1956년

나세르, 이집트 초대 대통령 당선

1956년 6월 23일 영국의 비호를 받던 파르크 왕정을 쿠데타로 무너뜨렸던 청년장교 가말 압델 나세르가 이집트 최초의 국민투표에서 99.9%의 득표로 대통령에 당선됐다. 그는 재임 1개월 만에 '수에즈운하 국유화'를 선언해 제2차 중동전쟁의 화약고를 터뜨렸고 전쟁에는 패배했으나 국제여론의 지지를 받아 운하를 획득하고 일약 아랍세계의 영웅으로 부상했다. 이집트인들은 아랍세계의 통일을 꿈꾼 나세르를 '라이스(두목)'라 부르며 추앙했다.

6월 23일, 2003년

미셸 위, US여자아마 최연소 우승

2003년 6월 23일 14세의 골프 신동 미셸 위가 US여자아마추어 퍼블릭 링크스 챔피언십에서 대역전극을 펼치며 역대 최연소 챔피언에 등극했다. 이날 플로리다주 팜코스트의 오션해먹골프장(파72)에서 36홀 매치플레이(홀별로 승부를 가리는 방식)로 치러진 대회 결승전에서 미셸 위는 태국판 '박세리'로 기대를 모았던 비라다 니라파스퐁폰을 1홀차로 꺾고 우승했다. 2000년부터 이 대회에 출전한 미셸 위는 네 번째 도전 끝에 우승 트로피를 품에 안으며 지난 2000년 캐서린 카트라이트가 세운 이 대회 최연소 우승기록(17세)를 '13년8개월11일'로 갈아치웠다.

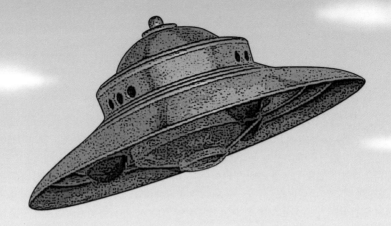

6월 24일, 1947년

미국의 케네스 아놀드 최초의 UFO 목격

1947년 6월 24일 미국 서북부 워싱턴 주의 레이니어 산 상공을 자가용 비행기로 날고 있던 실업가 케네스 아놀드는 갑자기 9대의 이상한 비행 물체를 목격하였다. 그는 지상에 착륙하자마자 자신의 목격담을 비행장의 지상 근무 요원에게 말했고, 그를 통해 사건이 널리 알려졌다. 당시 케네스 아놀드는 기자 회견에서 자신이 목격한 물체가 마치 '수면을 튀면서 날아가는 접시' 같았다고 표현하였는데, 이 말이 AP통신의 한 기자에 의해서 '비행 접시(Flying Saucer)'란 이름이 붙여져 널리 보도되었다. 그 뒤 미국의 언론사에는 전국 각지에서 UFO를 목격했다는 사람들의 제보가 잇따랐고, 이에 급기야는 미 공군이 정식으로 조사에 착수하게 되었다. 이때부터 1960년대에 이르기까지 미 공군은 여러 가지 이름으로 UFO조사, 연구 계획을 수행했는데, 그 결과는 한결같이 부정적인 것이었다. 그럼에도 불구하고 그 계획에 관여했던 몇몇의 미 공군 장교나 과학자들은 UFO의 존재에 대한 회의론자에서 오히려 긍정론자로 변신하여 더욱 연구에 힘쓰는 한편, UFO가 실재한다는 사실을 일반 대중에게 널리 알리는 데 공헌하기도 하였다.

6월 24일, 1901년

청년 피카소, 첫 전시회 개최

1901년 6월 24일 프랑스 파리의 몽마르트르 언덕에 갓 정착한 스무 살의 애송이 화가 파블로 피카소가 화상 볼라르의 화랑에서 첫 개인전을 열었다. 모국 스페인에서 이미 천재임을 자칭했던 피카소는 예술의 도시 파리에서 탐욕스럽게 성공을 예감했었으나 절친한 친구 카사헤마스의 권총자살로 큰 충격을 받고 우울과 절망의 청색 화풍에 빠져들었던 시기였다. 거친 터치와 분방한 색채의 첫 개인전은 나름 호평을 받았으나 그림은 한 점도 팔리지 않았다.

6월 25일, 1966년

김기수 한국 최초 세계챔피언 등극

1966년 6월 25일 함경남도 북청 태생의 가난한 권투소년 김기수가 이탈리아의 니노 벤베누티를 2대 1 판정승으로 이기고 우리나라 최초로 프로 복싱 세계챔피언이 됐다. 1951년 1·4후퇴 당시에 월남했던 소년 김기수는 육상 단거리 선수생활도 했고 전남지역을 주름잡는 씨름선수로도 활약했는데 아마추어 복싱 데뷔 후 프로전향 전까지 88 전 87승 1패의 화려한 성적을 거두었다. 유일한 1패를 안겨줬던 선수가 바로 1960년 로마올림픽 때의 벤베누티였는데 통쾌한 설욕을 한 셈이었다. 가난에 찌들었던 시절, 5만 5000달러나 되는 개런티를 주면서까지 일궈낸 김기수의 승리는 국민들에게 꿈과 자신감을 심어준 '일대사건'이었다.

6월 25일, 2009년

마이클 잭슨 사망

2009년 6월 25일 '팝의 황제' 마이클 잭슨이 미국 로스앤젤레스에서 심장마비로 숨졌다. 주치의가 처방한 진정제와 강력 수면제 프로포폴의 급성중독이 원인이었다. 겨우 5세 때 아버지에게 이끌려 '잭슨 파이브'로 데뷔한 마이클 잭슨은 미성의 고음처리로 리드 보컬을 맡아 흑인그룹 최초로 빌보드차트 1위에 올랐다. 1982년 발표한 앨범 '스릴러'에 수록된 '빌리 진'은 문워크라 불리는 독특한 안무와 함께 공전의 히트를 기록했다. 지금까지 팔린 그의 앨범은 모두 7억 5000만 장을 웃돈다.

6월 25일, 1876년

시팅 불, 제7기병대를 전멸시키다

1876년 6월 25일 리틀빅혼 강가에서 수우
족과 샤이엔족 연합전선의 추장 시팅 불이
이끄는 인디언 전사들이 남북전쟁의 영웅
암스트롱 커스터 중령 이하 미 제7기병대
200여 명을 전멸시켰다. 남북전쟁 중 다
짐했던 인디언의 영토보장 약속을 깨고
보호구역으로 옮기라고 통고한 미군에
저항한 인디언들의 승리였다. 명장 커스
터의 패배와 죽음은 미국인들에게 큰 충
격을 주었고, 반대로 추장 시팅 불은 신화
적인 존재가 됐다.

6월 26일, 1949년

백범 김구 피살

1949년 6월 26일 서울 서대문 근처 백범의 거처인 경교장에서 육군 소위 안두희가 45구경 권총으로 백범 김구를 암살했다. 조국 광복을 위해 평생을 바친 73세 노 혁명가의 죽음은 한반도 통일정부수립을 갈망하던 국민들을 충격에 빠뜨렸다. 장례식은 국민장으로 거행됐으며, 유해는 효창공원에 안장됐다. 암살자 안두희는 무기징역을 언도받았으나, 6.25발발과 함께 특사조치로 석방돼 육군 중령으로 복귀하는 등 배후에 대한 의문은 풀리지 않았다.

374

6월 26일, 1962년

가수 남인수 사망

1940~50년대 한국대중가요계의 최고
스타였던 가수 남인수가 1962년 6월 26
일 지병인 폐결핵으로 사망했다. 타고난
미성의 소유자였던 그는 20대 초반 '애수
의 소야곡'으로 명성을 날리면서 '감격시
대' '가거라 삼팔선' '이별의 부산정거장'
등을 포함 무려 1000여 곡의 노래를 불러
가요 황제로 군림했다. 1960년 '무너진
사랑탑'으로 최후의 빅히트를 기록한 그는
타계하기 직전까지 가수로 활동했으나
불과 44세의 나이로 세상을 떠났다.

6월 27일, 1968년

체코 '2000어 선언' 발표

1968년 6월 27일 체코슬로바키아의 공산독재를 비판하고 자유민주화를 촉구하는 '2000어 선언'이 발표됐다. 스탈린주의자 노보트니 보수정권이 물러나고 온건개혁파 두브체크가 '인간의 얼굴을 한 공산주의'를 주창하며 개혁정책을 표면화한 선언으로 이른바 '프라하의 봄'이 도래한 것이다. 그러나 소련은 이러한 체코의 민주화운동이 동유럽 공산국가들에게 미칠 영향을 우려해 불법으로 무력침공을 감행해 개혁을 무산시켜 버렸다.

6월 27일, 1905년

전함 포템킨 호 선상 반란

1905년 6월 27일 혁명의 불온한 기운이 퍼져가던 러시아의 전함 포템킨 호에서 수병들의 선상 반란이 일어났다. 썩은 고기를 먹기를 거부하던 수병 1명이 장교에게 사살된 것이 발단이 되어 수병들은 횡포를 휘두르던 함장과 장교들을 사살하고 오데사 항에 입항했다. 그러나 차르의 군대는 잔혹한 코사크 기병을 투입해 포템킨 호의 수병들을 반기던 시민들을 무차별 학살했고 포템킨 호는 포격에 실패해 루마니아로 달아났다. 차르는 안도했으나 포템킨호가 퍼뜨린 저항의 불씨는 1917년 러시아 혁명으로 이어졌다.

6월 28일, 1958년

펠레 일약 스타로 부상

1958년 6월 28일 스웨덴 스톡홀름에서 열린 제6회 월드컵 결승전에서 브라질이 주최국 스웨덴을 5대 2로 이기고 우승했다. 이날 브라질 승리의 원동력은 신장 168cm, 체중 67kg의 17세 소년 펠레였다. 가히 이번 스웨덴 월드컵은 훗날 '축구황제'라는 칭호를 얻은 펠레를 위한 대회였다. 수줍음 잘 타는 앳된 얼굴의 17세 소년 펠레는 등번호 '10'을 달고, 프랑스전 해트트릭과 결승전 2골 등 6골을 터뜨리며 브라질에 첫 줄리메컵을 안겼다.

특히 이날 스웨덴과의 결승전에서 그가 뽑아낸 골은 역대 최고의 골 장면으로 남아 있다. 왼쪽 사이드에서 올라온 센터링을 정확한 트래핑으로 수비 한명을 제친 뒤, 다시 수비 머리 위로 공을 띄운 후 돌아 들어가 발리슛으로 넣은 골은 신기에 가까웠고, 상대편이던 스웨덴 관중의 기립박수까지 쏟아져 나왔다. 펠레는 13세에 브라질 프로축구 산토스에 입단한 이래 1363경기에 출전해 1281골을 뽑아내며 축구황제로 군림했지만, 따뜻한 인간미로 더욱 사랑받았다.

6월 28일, 1712년

프랑스 사상가 루소 출생

"인간은 자유롭게 태어났으나 사슬에 묶인 존재다." 이성 중심의 사상을 버리고 낭만주의의 탄생에 기여한 프랑스의 철학자이자 교육학자인 장 자크 루소가 1712년 6월 28일 스위스 제네바에서 태어났다. 인간은 본래 선하지만 사회와 문명 때문에 타락해 자유를 잃어버리고 사회적 불평등에 예속됐다고 주장한 그의 '사회계약론'은 프랑스혁명의 이념적 배경이 됐다. 근대적 교육론 '에밀'은 육아의 바이블로 떠올랐고, '고백론' 등에서 인간의 나약함을 자전적으로 진술하며 고독한 말년을 보냈다.

Jean-Jacques
Rousseau

6월 28일, 1914년

오스트리아 황태자 부부 피살

1914년 6월 28일 보스니아의 수도 사라예보에서 오스트리아의 황태자 프란츠 페르디난트와 황태자비 조피가 각각 1발씩 총에 맞아 절명했다. 범인은 세르비아 해방을 부르짖는 비밀결사의 대학생 멤버 프린시프. 오스트리아는 기다렸다는 듯 세르비아에 선전포고를 했고 연이어 러시아와 독일, 영국과 프랑스가 전쟁에 뛰어들었다. 4년 반 동안 900만 명이 전사하게 되는 1차 세계대전이 시작된 것이다.

6월 29일, 1987년

노태우 민정당 대표 6·29 선언

1987년 6월 29일 제5공화국의 차기 대통령 후보 노태우 민주정의당 대표가 6·29선언을 통해 대통령 직선제 개헌 요구를 수용한다고 발표했다. 쿠데타로 수립된 제5공화국은 정권 출범 초기부터 민주화운동 탄압과 언론 강제 통폐합, 정당 활동 제한 등으로 국민의 저항을 불러일으켰다. 1987년 서울대 박종철 군이 고문으로 사망하고 연세대 이한열 군이 시위 도중 최루탄에 맞아 중태에 빠지자 시민들의 분노가 극에 달하고 시위가 전 국민적 차원으로 확산돼 마침내 직선제 개헌을 포함한 8개 항의 시국수습대책을 발표하게 된 것이다.

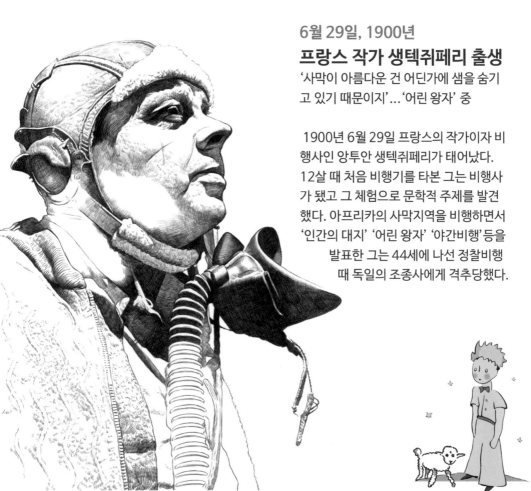

6월 29일, 1900년

프랑스 작가 생텍쥐페리 출생

'사막이 아름다운 건 어딘가에 샘을 숨기고 있기 때문이지'…'어린 왕자' 중

1900년 6월 29일 프랑스의 작가이자 비행사인 앙투안 생텍쥐페리가 태어났다. 12살 때 처음 비행기를 타본 그는 비행사가 됐고 그 체험으로 문학적 주제를 발견했다. 아프리카의 사막지역을 비행하면서 '인간의 대지' '어린 왕자' '야간비행'등을 발표한 그는 44세에 나선 정찰비행 때 독일의 조종사에게 격추당했다.

382

6월 29일, 1944년

만해 한용운 서거

승려이자 시인이었고 독립운동에 그 누구보다 힘
썼던 만해 한용운 선생이 1944년 6월 29일 눈을
감았다. 그는 1926년 희대의 시집 '님의 침묵'을
내놓으며 저항문학에 앞장섰다.

우리는 만날 때에 떠날 것을
염려하는 것과 같이
떠날 때에 다시 만날 것을 믿습니다.
아아, 님은 갔지마는
나는 님을 보내지 아니하였습니다.
제 곡조를 못 이기는 사랑의 노래는
님의 침묵을 휩싸고 돕니다.

〈님의 침묵〉중에서

6월 30일, 1936년

'바람과 함께 사라지다' 출간

1936년 6월 30일 무명작가 마거릿 미첼의 처녀작이자 유일무이한 소설 '바람과 함께 사라지다'가 출간됐다. 어린 시절 아버지로부터 듣던 남북전쟁 이야기와 10년 동안의 조사와 집필 끝에 완성한 1037페이지의 이 대작은 출판사들이 거절해 어느 출판사의 한 직원에게 떠넘기다시피 하여 빛을 보았고 6개월 만에 100만 부가 팔렸으며 이듬해 퓰리처상을 받았다. 작가 미첼이 원래 붙이려했던 제목은 '내일은 또 다른 태양이 떠오른다' 였다고 한다.

6월 30일, 1905년

아인슈타인, 특수상대성이론 논문 출판

1905년 6월30일 스위스 베른의 특허심사관 알버트 아인슈타인이 물리학 분야에서 20세기 최대의 업적으로 인정받는 논문을 발표한다. 이른바 '특수상대성이론'에 관한 이 논문의 제목은 〈움직이는 물체의 전기역학에 대하여〉. 이 이론은 뉴턴의 절대적 시공간 개념을 부정하고, 관찰자의 운동 상태에 따라 길이와 시간 간격이 다르게 측정된다고 했고 물질과 에너지는 $E=mc^2$ 이라는 공식에 따라 서로 변환 가능한 등가성을 가진다고 밝혔다. 이 논문이 물리학 연보지에 발표되자 일부 전문가들은 격찬했지만 대부분은 거의 이해할 수 없어 불평을 샀다. 1915년 이 이론은 일반상대성이론으로 발전했고 그 실용성은 40년 후에 원자에너지로 현실화됐다.